한국의 연출가들

차례
Contents

연출가들의 계보와 흐름

한국 연극에서 연출가의 등장은 서구극의 유입과 함께 시작되었다. 이전까지의 연희 개념의 전통극에서는 연출가가 별도로 존재하지 않았다. 또 낭만주의 사조 아래 귀속되는 신파극 역시 연출가의 역할이 그다지 크지 않았다. 서구극에서도 연출가의 등장은 사실주의 연극이 정립되면서부터라고 보는 것이 일반적이다.

그런 측면에서 한국 최초의 근대적 연출가로 지명되는 이가 홍해성이다. 그는 1920년대 일본에서 리얼리즘 연극을 경험했고, 인텔리 연극의 메카인 축지소극장에서 오랫동안 연기와 이론 수업을 받았다. 그의 꿈은 한국에 사실주의 연극(신극)을 뿌리내리는 것이었다.

홍해성의 연출 시기는 유치진의 활동 시기와 겹쳐진다. 1930년 극예술연구회가 결성되면서 홍해성은 상임 연출자의 지위를 누렸다. 그러나 도일했던 유치진이 연출 역량을 갖추고 돌아오면서부터, 홍해성의 지위가 흔들리기 시작했다. 즉 1930년대 전반기가 홍해성이 두각을 나타내던 시기였다면, 1930년대 후반기는 유치진이 새로운 연출가로 등장하던 시기였다.

홍해성은 1930년대 후반을 동양극장에서 상임 연출가 겸 연기 훈련자로 활동했다. 그러면서 연극 이론과 연출 이론을 정립하려고 노력했다. 홍해성의 견해를 논저와 평글에서 찾아보려 한다.

반면 유치진은 극예술연구회, 극연좌, 현대극장, 극예술협회(극협), 신극협의회(신협), 국립극단, 드라마센터를 거치면서 활동했고, 극작가 겸 연출자로 자리 잡아갔다. 유치진의 연출작 가운데 가장 성공한 작품으로 꼽히는 것이 「뇌우」이다. 1950년 6월 국립극단에 의해 무대화된 이 작품은 세인의 관심과 연극계 인사들의 찬사를 이끌어내었다. 유치진 연출의 요체는 「뇌우」의 성공 요인으로 확인된다. 「뇌우」의 연출 '플랜'을 찾아 유치진 연출의 특징을 알아보고자 한다.

일본 유학을 떠났던 이해랑은, 도일하던 유치진을 만나 인연을 맺게 되었다. 그 후 이해랑은 동경학생예술좌를 통해 연극에 입문했고, 귀국해서는 유치진의 영도 하에 제자 겸 배우로 활동하게 되었다. 이해랑은 흔히 사실주의 연극의 맥을 잇는 배우 겸 연출자로 알려져 있다. 그는 많은 작품을 연출했는데, 그중에서 높은 격조를 자랑하는 「미풍」(하유상 작)을 분석 대상으로 삼아 연출가적 성향을 조명하고자 한다.

임영웅은 이해랑의 연출 성향을 이어받은 연출가로 알려져 있다. 이러한 인식은 대체적으로 옳지만, 임영웅은 이해랑과는 다른 길을 걸어갔다. 확실히 다르다. 임영웅은 뮤지컬과 방송 드라마에도 일가견이 있었고, 「고도를 기다리며」와 같은 외국 부조리극에도 상당한 조예를 드러냈다. 임영웅의 대표작으로 세계에 널리 알려진 「고도를 기다리며」는 리얼리즘 연극이 아닌 부조리극의 성향을 지닌 연극으로, 한국 연극의 정통으로 여겨지는 신극의 계보를 뛰어넘어 보편적 다양성을 보이는 한국 현대 연극의 전위에 서 있다.

오태석은 60년대부터 문제작을 발표했고, 70년대에는 간헐적으로 연출 작업을 했다. 그러다가 80년대에 극단을 만들어 본격적으로 연출 작업에 투신했다. 이것은 오태석 작품이 지닌 난해함을 스스로 극복하기 위한 노력이었지만, 점차 오태석만의 특색을 드러내는 연출 성향을 정립하기 시작했다.

최근 그는 한국 연극의 중요한 소임인 대사회적 목소리를 담아내는 연극을 만들고 있다. 이는 1970년대 이후 줄기차게 이어져 온 우리 것에 대한 관심과 맞물리면서, 현세적인 관심사에 소홀하지 않으면서 동시에 전통적인 양식을 잇는 연극을 산출하고 있다.

이윤택은 오태석의 '후예'이면서 동시에 '맞수'이다. 이윤택은 분명 과거의 양식을 재현하고 이를 연극적으로 승화시키는 것에 큰 관심을 가지고 있다. 「오구」가 그의 관심을 보여주는 대표적인 작품이다. 그러면서도 그는 양식화된 연기, 절제된 동선, 역동적 에너지 등을 추구하면서 젊은 감각과 새로운 생각을 반영하는 연극을 만드는 일에 심혈을 기울이고 있다. 그의 연극은 자유롭고 거침없으며 깔끔하다. 또 대중극 연출가라는 입장을 숨기지 않음으로써, 한동안 한국 연극이 빠져 있던 엄숙주의를 타파하고, 새로운 연극 환경에 적응하기 위한 독자적 해법을 마련한다.

이 책에서 정리된 연출가들의 계보는 다음과 같다. 홍해성이라는 연출가를 비조(鼻祖)로 시작하여, 유치진·이해랑으로 이어지는 사실주의의 성립 과정에서 나타났던 연출가들을 살펴보고, 임영웅이 보여주는 리얼리즘의 수용과 이탈 과정을 분석한다. 그리고 나아가서 리얼리즘이라는 범주부터 완전히 자유로워진 두 명의 연출가가 보여주는 새로운 연출관을 소개할 것이다. 오태석과 이윤택이 바로 그들이다.

연출가들은 많고 나의 시각은 미천하기에 이 여섯 연출가를 관통하는 시각까지 제시하지는 못했다. 다만 서구극의 도입, 신극의 생성과 정립, 리얼리즘의 수용과 이탈, 리얼리즘 바깥으로의 지향과 새로운 한국 연극의 지평으로 이어지는 한국 연극 연출사의 굵직한 맥락은 그려졌다고 생각한다.

근대극 최초의 연출가 : 홍해성

서구극의 유입과 연출가의 탄생

한국에 '연극'이라는 개념이 생긴 것은 서구극이 유입되면서부터이다. 서구의 낭만주의 연극이 일본의 신파극을 만들었고, 이 신파극이 한반도에 유입되면서 전통적 의미의 연희가 아닌 연극의 개념이 이 땅에 성립되었다.

1930년대는 신파극(낭만주의)에 대항하는, 신극(리얼리즘)의 성장기였다. 극예술연구회는 이 땅에 신극(리얼리즘극)을 보급하는 데에 앞장 선 단체로, 1920년대 김우진을 중심으로 일어난 신극 보급 운동을 계승하고, 정립된 양식 미학으로서의 리얼리즘극을 선도했다.

극예술연구회를 이끈 회원들은 주로 해외문학파였다. 그들은 해외 문학을 전공한 학자나 기자들로서, 대중극의 범람을 우려하며 진실한 연극 미학으로서의 신극을 추구했다. 이러한 성과는 1930년 사실주의 연극의 정점인 「소」로 나타났다. 작가로는 유치진이 연출가로는 홍해성이 독보적이었다.

홍해성은 본래 법학을 전공했으나, 김우진을 만나면서 연극으로 전공을 바꾸었다. 김우진은 연극적 풍토가 미약한 조선에 우수한 공연 미학을 가진 연극을 정립하기 위한 계획을 세웠다. 홍해성은 그 계획의 일환으로 일본 축지소극장에서 연기와 연출을 배우면서 실전과 이론을 겸비한 연극인이 되기 위해 수련했다.

그러나 김우진이 「사의 찬미」의 가수 '윤심덕'과 동반 자살하면서, 불모지 조선에 연극 문화를 일으키겠다는 그들의 원대한 꿈은 일시적으로 중단된다. 홍해성은 한 동안 축지소극장에서 오사나이 가오루[小山內薰]의 총애를 받으면서 배우로 활동했다. 그러면서 일본 인텔리 연극의 산실인 축지소극장의 운영과 실체에 대해 파악할 수 있었다. 오사나이가 죽자, 축지 내부에 분란이 일어나고 더 이상 일본에 남아있을 이유가 없어진 홍해성은 조선으로 귀국했다. 그리고 막 창단하는 극예술연구회에서 상임 연출가 자격으로 활동했다.

홍해성은 초창기 극예술연구회의 연출을 전담했다. 고골리의 「검찰관」(함대훈 역, 1회), 어빙의 「관대한 애인」(장기제 역, 2회), 그레고리 부인의 「옥문」(최정우 역, 2회), 괴링의 「해전」(조희순

역, 2회), 체홉의 「기념제」(함대훈 역, 2회), 유치진의 「토막」(2회), 입센의 「인형의 집」(박용철 역, 6회), 체홉의 「앵화원」(함대훈 역, 7회) 등이 그가 연출한 작품이었다.

그러나 홍해성은 경제적으로 궁핍했기 때문에 극예술연구회의 공연에만 전념할 수 없었다. 그는 생계를 위해 대중극 연출에도 관심을 보였다. 그는 1936년 창설되는 동양극장의 연출책임자 겸 연기훈련자로 초빙되어 갔다.

극예술연구회 측은 이러한 홍해성을 달갑게 여기지 않았고 이전부터 거론되던 연출가 대체론을 내놓았다. 이때 유치진이 일본에서 연출 공부를 하고 들어와 극예술연구회 하반기(30년대 후반)의 연출직을 도맡다시피 했다. 홍해성은 동양극장으로 가고, 유치진은 극예술연구회로 복귀하여 자신의 시대를 연 셈이다.

동양극장에서의 연출관

동양극장은 상업주의 연극을 지향했다. 당시에는 이를 신파극이라고 부르기도 했고, 자칭 고등신파극이라고 하기도 했지만, 지금의 양식 구분으로 보면 대중의 매력을 끌 만한 소재와 구성 방식을 가진 대중극을 추구하는 단체였다.

처음에는 세 개의 극단을 운영했다. 사실주의 연극을 표방한 청춘좌(靑春座), 역사극을 표방한 동극좌(東劇座), 희극을 지향한 희극좌(喜劇座)가 그것이다. 동극좌와 희극좌는 합쳐져

호화선(豪華船)이 되었고, 후에 성군(星群)이 되었다. 홍해성은 청춘좌의 공연을 담당하는 연출자였고, 그 밖의 단체의 연출도 맡았다.

수준 높은 공연을 위해서는 배우들의 역량이 일정한 수준에 도달해야 한다. 극예술연구회는 배우들의 수준으로 인해, 수준 높은 연극 미학을 구현하기 힘들었다. 홍해성은 이러한 한계를 보완하기 위해서 동양극장 내에 연구생 제도를 마련했다. 이 제도는 배우의 원활한 수급과 함께, 실습과 실전을 통한 연기 훈련을 독려하기 위한 것이었다. 황정순, 고설봉, 한노단, 김영희, 김일, 양진, 곽영송, 주선태 등이 이러한 연구생 출신 배우이다.

홍해성은 연구생들에게 까다로운 연기 훈련을 시켰다.

연구생들은 동양극장의 독특한 방식에 따라 연극을 익혔다. 동양극장의 연기 훈련 담당자는 홍해성 선생이었다. 동양극장에서의 연기 훈련은 철저한 실습 위주의 훈련이었다. 연극을 하려면 기초부터 쌓아야 한다고 해서, 막이 오르면 연구생들은 무대 귀퉁이에 쪼그리고 앉아 선배들의 연기를 바로 옆에서 보고 있도록 했다. 막을 내렸을 때는 무대에 나가서 장치 전환하는 것을 보도록 했음은 물론이다.

연구생들의 일은 무대정리, 분장실 청소, 대본 베끼기, 소도구 운반 등의 허드렛일이 주류였다. 한 가지 재미있는 것은 출연여부와 관계없이, 연극이 진행되는 동안 연구생들도 기초분장을 한 채 대기하고 있었다는 점이다. 연기만을 직접 보고 배우는 것이 아니고 분장도 이런 식으로 익히라는 것이었다. 연구생들은 분장실에 30분쯤 먼저 나와서 선배들이 분장하는 것을 보고 흉내를 내기도 했다. 또 홍해성 선생은 연구생들을 분장실에 모아놓고 연극에 대해 강의를 해주시곤 했다. 강의 내용 중에는 분장법, 화술법 같은 것도 있었다. ……(중략)…… 홍 선생의 강의 외에도 간부배우들이 나와 배우의 길, 배우의 인생관에 대해 체험에서 우러나온 조언을 해주기도 했다.[1]

홍해성은 배우들에게 정확함을 인식시킨 연출가였다. 그는 시간을 철저하게 지키는 사람이었다. 연습 시간의 엄수뿐만 아니라, 공연 시간의 엄수도 그의 철칙이었다. 당시는 한 편의 연극을 상연하는 시스템이 아니라, 여러 가지 잡다한 쇼와 막간극을 보는 난삽한 형태였다. 또 시작 시간과 공연 시간이 따로 정해져 있지 않았다.

홍해성은 이런 무질서한 공연 형태를 정리했다. 그는 「단종애사」(이광수 작, 최독견·박진 각색)부터 일회일작품(一回一作品) 공연체제를 수립했고, 시작 시간도 일정하게 못 박았다. 개막 시간을 7시로 결정하고 종을 쳐서 알렸다. 배우들에게 시간 엄수를 강요하는 것은 어찌 보면 당연한 처사였다.

홍해성은 '작품 읽기'에 철저했다. 철저한 독회(讀會)를 통해 내용을 정확하게 이해하고 관객에게 전달하는 방법을 궁리했다. 증언에 의하면, 연습의 절반 이상이 '리딩(reading)'이었다고 한다.

또한 배우들이 갖추어야 할 기본적인 자세와 교양 그리고 이론 등을 강조함으로써, 배우들이 깊이 있는 연기를 할 수 있도록 독려했다. 무엇보다 본인이 그러한 자세를 견지함으로써, 배우들로 하여금 저절로 따르도록 종용했다고 한다.

연출 이론의 실제

홍해성은 연출가로는 드물게 연출론(「무대예술과 배우」)[2]을 남기고 있다. 체제를 일별하면 다음과 같다.

1. 머리말
2. 언어
3. 발음법 1)발음기관 / 2) 필요한 운동
4. 연기의 이론과 실제
5. 극적 연기법
6. 리듬과 배우
7. 군중의 동작
8. 결론

주목되는 부분이 3/ 5/ 6/ 7 단락이다. 3)에서는 숨을 들이마시고 내쉬는 동작과 관련된 여러 신체 움직임을 정리하고 있고, 발음과 발성의 세부적인 사항에 대해 알려주고 있다.

5)에서는 대사와 연기에 대한 사안을 조목별로 세분하여 설명하고 있다. 대사와 연기를 어떻게 결합해야 하는지, 대사와 대사 사이에 어떻게 간격을 두어야 하는지, 무대에서는 어떻게 움직이고 어떻게 움직이지 말아야 하는지, 무대에서 어떻게 서고 어떻게 손을 써야 하는지, 시선을 어떻게 처리하고 거리를 어떻게 두어야 하는지, 등퇴장 시 주의할 점은 무엇인지, 상대의 대사를 받고 넘겨줄 때 유의해야 할 점은 무엇인지 등에 대해 자세하게 서술하고 있다.

6)과 7)은 연극의 템포와 리듬, 역동성과 시각적 쾌감에 대한 논의들이다. 연출가가 실전과 훈련을 통해 느끼고 확인한 바를 정리한 것으로 현장의 용어들을 이론 위에 정립했다.

지금도 연출가들이 현장의 용어와 연출가적 직관으로 배우와 스텝들에게 교육시키는 내용이다. 홍해성은 근대극 초창기에 이미 이러한 내용을 완결된 이론 위에 정립시킬 정도로 연극에 정통했었다. 이것이 홍해성이 연출가들의 비조로 불리게 된 중요한 이유이다.

무엇보다 홍해성은 서구적 연출이 이 땅에 필요한 이유를 제시했다. 연출가는 연극을 기능적으로 완성하는 자가 아니다. 연출가는 한 편의 연극일지라도, 시대와 민중의 요구에 따라 선택하고 변혁시킬 수 있는 자이어야 한다. 홍해성은 신파극이 범람하던 시대에 '신극'이라는 새로운 연극의 도입에 앞장섰으며, 그 이유를 연출론을 통해 드러낸 것이다.

정교하고 파격적인 연출 의도 : 유치진

연극에의 입문과 업적

유치진(柳致眞), 아호 동랑(東朗)은 1905년 11월 경상남도 거제도 둔덕이라는 마을에서 아버지 윤준수와 어머니 박우수 사이에서 8남매 중 장남으로 태어났다. 8살 때 그는 서당에 다니며 『통감』을 읽었다. 어머니 집에 데릴사위로 들어와 농사를 짓던 유치진의 아버지는 독학으로 한의학을 공부하여 통영읍(현 충무시)에 유약국을 차렸고, 이를 계기로 가족이 이사하게 되었다.

유치진은 1914년 봄, 4년제 통영공립보통학교에 입학하여 신식교육을 받았다. 1918년 봄에 졸업하고 취직을 위해 부산

우체국에 부설된 체신기술원양성소를 6개월 간 다녔다. 그 후 유치진은 통영우편소에서 근무했다.

1919년 3·1운동은 유치진과 부친에게 민족의식과 고등학문의 필요를 일깨워주는 계기가 되었다. 불과 일 년 전에 직장생활을 권유했던 부친은 그에게 일본 유학을 허용했다. 1920년 가을 그는 고향의 4년 선배이자 명치학원 중학부를 다니던 박명국의 안내를 받아 일본으로 유학을 떠났다.

아버지가 권유했던 의과대학에 낙방하자, 어릴 적 심취했던 문학과 연극에 관심을 다시 기울이기 시작했다. 특히 로망 롤랑의 『민중연극론』에 큰 감명을 받았고, 민중 속에서 연극을 할 것을 결심했다. 유치진은 1931년 3월 릿쿄[立敎]대학 영문학과를 졸업했다.

그러나 학교 졸업에 미련이 없었던 유치진은 졸업식도 마치지 않고 귀국하였다. 역시 축지소극장에서 활동하다 귀국한 홍해성을 만나, 동아일보의 후원으로 연극영화전람회(1931년 6월 18일부터 24일까지)를 개최하면서 공식적인 활동을 시작했다. 이 전람회는 사람들에게 문화적 자극을 주면서 극예술연구회를 결성하는 계기를 마련해주었다. 극연을 중심으로 활동하던 그는 「소」「토막」「버드나무 선 동리의 풍경」등의 문제작을 발표하면서 한국 연극의 중심으로 부상하게 된다.

그는 1934년 3월 도쿄로 건너가 35년 4월까지 1년간 체류하면서 연극에 대한 새로운 지식과 경험을 쌓게 된다(연출 수업을 받은 시기로 추정). 그는 그 결실을 가지고 귀국하여 극연의 상임 연출가이자 대표로서 한국 연극의 선도자로 활동했다. 그의 활동과 영향력은 일제 강점기 내내 유지되었다.

고된 연습과 리딩 강조

유민영은 유치진의 연출법에 대해 다음과 같이 말한 바 있다. "유치진의 연출은 치밀하고 혹독하기로 정평이 나 있었다. 그는 배우들이 피로에 지쳐서 쓰러지기 직전까지 끊임없이 반복해서 연습을 시키곤 했다. 연극은 종이에 인쇄된 희곡만 있을 뿐 나머지는 모두가 빈 공간이다. 아무 것도 없는 환상의 세계에 무엇인가 구현시키려면 연습이 최선이다."[3]

유치진은 공연이 연습에 의해 숙달되는 무대적 행위라고 믿었고, 희곡의 무대적 가변성을 폭넓게 인정했던 연출가이다. 특히 유치진은 독회(리딩)에 상당한 공을 들인 연출가였다. 연습 시간의 2/3 가량을 읽기에 할애했다. 유치진은 일본에서 연출 공부를 한 것으로 알려져 있다. 극예술연구회가 홍해성을 상임 연출가로 하는 시스템에서 유치진을 중심으로 재편된 것도 유치진이 연출력을 인정받았기 때문이다.

그러나 식민지 시대의 유치진 연출에 관한 자료는 그다지 많지 않고 당시의 평도 불확실한 측면이 다분해, 해방 후 국립 극장 최고의 히트작 중 하나인 「뇌우」(1950년 6월)를 중심으로 유치진의 연출적 특성을 알아보고자 한다.

파격적인 캐스팅과 정교한 무대 장치

1950년 국립극단이 만들어지면서 창단 공연으로 올려진 작품은 「원술랑」(유치진 작, 허석 연출)이었다. 첫 작품은 성공을 거두었고, 자신감과 사기가 한층 높아진 국립극단(극단 신협)은 그 다음 작품으로 조우 작 「뇌우」를 선택했다.

유치진의 연출로 연습에 돌입하자, 흥미로운 일이 생겼다. '만년 주인공'으로 불리던 김동원이 아닌, 이해랑이 주연인 주평 역에 캐스팅된 것이다. 이해랑은 이 역을 고사했다고 한다.4) 그때까지 남자 주인공 역은 김동원이 도맡아 했고, 이해랑은 노역이나 악역을 주로 맡았기 때문이었다. 그러나 유치진의 캐스팅 의지는 단호했고, 자신의 연출 방향은 낙랑극회와는 다르다면서 이해랑을 격려했다.5)

당시의 캐스팅을 보면, 이해랑이 주평 역을, 김동원이 주복원 역을, 신태민이 주충 역을, 박경주가 노대해 역을, 박상익이 노귀(魯貴) 역을 맡았다. 여자 배역을 보면 김선영이 노시평 역을, 황정순이 노사봉 역을 맡았고, 주번의 역에 백성희와 유계선이 더블 캐스팅 되었다. 단역으로 고설봉, 오사량 등이 출연하기도 했다.

공연은 대성공이었다. 예상을 뛰어넘는 많은 관객들이 몰려들었다. 당시 1만 명만 들어도 대성공이라는 극장에 무려 7만 5천 명의 관객이 든 것이다. 당시 서울 인구의 1/6 정도가 보았다는 계산은 지금으로써는 천문학적인 수치이다.6)

이렇게 「뇌우」가 관객들의 사랑을 받게 된 것에는 몇 가지 이유가 있다. 먼저 무대 장치를 들 수 있다. 무대 미술가로 유명한 김정환이 무대 장치를 맡아, 당시로는 파격적인 세트 디자인을 선보였다. 「뇌우」의 무대 장치는 세트 뒤로 비가 내려 흘러내리는 스펙터클을 만들어냈다. 무대 주변에 파이프를 설치하여 인공강우를 실현시킨 것이다.[7]

여기에 실감나는 천둥소리가 더해져, 관객들은 집에 갈 때 우산 걱정을 해야 할 정도였다고 한다(마침 첫 날은 비가 와서 작품 속에서 비 내리는 장면의 실감이 더해졌다고 한다). 무대 뒤에서 천둥소리를 낸 스텝은 차범석이었다.

차범석은 공사판에 쓰는 여섯 자 길이의 함석판이 발광을 하고 2초 후에 소리를 내도록 주문받았다.[8] 유치진은 빛이 먼저 보이고 소리가 나중에 들리는 물리적 현상까지 신경을 썼던 것이다. 그만큼 세심하게 작품을 읽고 합리적으로 연출하였다.

치밀한 해석과 대범한 삭제

실제 공연에서 유치진은 작품 전체를, 원작자의 의도 그대로 무대화하지는 않았다. 먼저 서막(프롤로그)과 종막(에필로그)을 제거했다. 남은 1막에서 4막도 상당히 많은 부분을 수정해서 올렸다. 백성희의 증언에 의하면 대사를 대폭 축소하여 공연 시간이 3시간 정도였다고 한다. 유치진이 남긴 연출 대본

을 보면, 대사를 많이 삭제했고 고친 대목도 상당했음을 알 수
있다.

1막에서 비중 있게 삭제된 곳은 노귀가 사봉에게 3년 전에
본 귀신 이야기를 하는 대목이다. 유치진은 노귀가 들려주는
이야기에서 어린 주충이 겁에 질렸다는 부가적 이야기를 삭제
하도록 표시하고 있다. 사실 주충이 겁에 질린 상황 묘사는 사
건의 진위를 더디게 전달하여 관객의 궁금증을 유발하는 효과
를 거두기 위함인데, 유치진은 이를 무시하고 숨겨진 사실이
빨리 전달될 수 있도록 바꾸어 놓았다.

2막에서는 도입부에 배치된 사봉과 주평의 대화 장면을 대
거 삭제했다. 반복되는 내용을 위주로 대사를 제거했다. 이것
은 사봉과 주평의 미묘한 신경전을 길게 보여주지 않겠다는
의도로 풀이된다. 유치진은 이 작품이 치정극이 되지 않도록
주의했다. 사봉과 주평의 사랑싸움도 길게 재현되지 않았다.

번의와 시평이 만나는 장면도 대사가 많이 삭제된 대목이
다. 유치진이 고치고 기입해 넣은 대사 중에 다음과 같은 구절
이 있다. "여보게 결론부터 얘기하겠는데 사봉이를 데려가 주
게."[9] 유치진은 번의가 시평을 만나는 의도를 직설적으로 발
화하게 함으로써 다른 주변 대사들을 삭제할 수 있는 여지를
만들어내었다.

주복원과 시평이 만나는 대목에도 대사의 축소가 엿보인다.
원작을 보면, 시평은 주복원을 알아보지만 신분을 노출시키지
않고 드문드문 과거의 이야기를 들려주다가, 복받치는 설움을

19

못 이기며 정체를 드러내도록 되어 있다. 그러나 유치진은 에둘러 가는 대사를 삭제하고, 주복원과 시평의 만남이라는 장면의 요체를 드러내는 선에서 대사를 정리했다.

3막에서 가장 눈에 띄는 것은 효과음(effect)이다. 유치진은 3막의 도입부에 기록된 무대 지문을 대부분 지워버리고, 그 위에 'E / 鍾 / 개고리 / 번개·우뢰 / 犬 / 딱딱이소리 / 장사치 소리 / 胡琴 / 비'를 적어 놓고 있다. 이것은 무대 지문과 대사 속에서 발췌해 놓은 3막의 주요 음향이다. 대본이 진행됨에 따라 효과음이 삽입될 부분도 지정되어 있다.[10] 3막은 유일하게 공간적 배경이 달라지는 막으로, 효과음을 통해 분위기의 전환을 꾀하려는 목적도 엿보인다.

4막은 음악이 사용된 흔적이 있다. 유치진은 연출 대본의 여백에 음악으로 생각되는 'M'을 표시하고 있다. 이러한 음악 표시는 3막 말미(1번)부터 나타나기 시작하더니, 4막에서 4번 나타나고 있다.[11] 특히 마지막 음악 표시는 사봉과 주충이 죽고, 복원과 하인이 뛰어나간 후에 시작되도록 되어 있다. 대본에 지시된 문구는 'High Mass— Bach'이다.

4막도 대사의 삭제 분량이 전체적으로 많은 막이다. 특히 엔딩 부분으로 갈수록 대사의 삭제 분량이 많아진다. 반 페이지 정도의 대사를 한꺼번에 삭제한 곳도 있다. 이것은 극의 종결 속도를 증폭시키기 위한 의도로 풀이된다.

이처럼 유치진은 장면의 진행 속도를 증가시키고 반복되는 대사를 줄이는 작업에 연출의 초점을 맞추었다. 음향의 사용과 음악의 활용을 보았을 때도, 그가 원작을 벗어나지 않는 한도 내에서 자신의 연출관을 고수했음을 알 수 있다.

노련한 연기 배치와 교묘한 연출 플랜

배우들의 연기도 상당히 뛰어났다. 유치진은 주복원과 노시평에 오랫동안 호흡을 맞춰 온 김동원과 김선영을 배치하는 것을 필두로 해서, 어린 백성희와 선배 유계선을 경합시키는 등 의표를 찌르는 배역 설정을 감행했다. 이러한 캐스팅은 결과적으로 배역의 짜임새를 다질 수 있는 기틀을 마련했다. 여기에 「원술랑」 1회 정기 공연의 성공에 고무된 국립극단(신협) 배우들의 사기와 의욕이 결합되었다.12)

「뇌우」 공연의 성공은, 유치진의 리얼리즘 연출 메소드와 훌륭한 배우들의 앙상블이 이루어낸 보기 드문 성과였다. 이 연극에서 개인적으로 주목을 받은 배우가 두 사람 있다. 한 사람은 이해랑으로 깡마른 체구에 파리하고 창백한 분장으로 주평의 이미지를 잘 살렸다는 평을 들었다. 다른 한 사람은 백성희이다. 이 연극으로 백성희는 대중들에게 얼굴을 알리게 되고, 성장 가능성을 내보이게 된다.13)

노대해의 배역도 적절했던 것으로 보인다. 유치진은 체격이 건장한 박경주로 하여금 노대해 역을 맡도록 하여, 무대에 등장했을 때 시각적 비중이 고조되도록 만들었다. 시각적 비중은 무산 계급의 이미지를 무대에 실연했을 뿐만 아니라, 대해의 극중 위상도 강화하는 요인으로 작용했다.

당시 상황에서 이 작품의 공연이 당면하게 될 가장 커다란 문제는 외설과 윤리적 관점에서의 시시비비였다. 1950년 공연 팸플릿은 시비를 종식시키고 극단의 입장을 변호하는 글을 싣고 있다. 이 글에서 박민천은, "어머니가 아들을 사랑하고 오빠가 누이동생을 사랑하고 골육이 상생하는 작품으로 「뇌우」를 재단하는 것은 근시안적 행위"라고 반박하고 있다. 「뇌우」의 비극성을 '파륜적(破倫的)'인 시각으로 몰고 가지 않으려는 의도로 보여진다.[14]

기획자였던 박민천의 글은 당시 상황에서 「뇌우」가 윤리적으로 큰 파장을 불러일으켰음을 반증한다. 당시 윤리의식이 폐쇄적이었기 때문에, 작품 해석과 공연에 대한 안내와 옹호의 입장이 필요했을 것이다. 이러한 상황과 입장은 「뇌우」가 인기를 끈 중요한 요인 중 하나를 유추하게 한다.

이 작품의 연출이었던 유치진도 공연이 치정극으로 흐르지 않도록 주의를 기울였다. 먼저 유치진은 「뇌우」의 비극성을 '환경의 중압'에서 찾으려 했다. 유치진은 주씨 집안과 노씨 집안이 얽히게 되는 원인이 개인의 성격보다는 사회적 모순에 있다고 파악했다. 주평과 계모의 불륜, 노시평의 버려짐, 주복원의 고민 등을 가족제도의 모순에서 잉태된 것으로 분석했다. 그는 치정에 얽매인 인간을 보여주기보다는 봉건제도의 굴레 속에서 벗어나지 못하는 인간을 보여주어 그들의 선택과 파멸이 외부에서 온 것임을 강조하였다.

따라서 조우가 주안점을 두었던 번의의 비중은 낮아졌다. 조우가 계모 번의에 대해 흥미를 기울여 극의 중심 인물로 그려낸 사실을 알고 있다고 밝히면서도, 유치진은 실제 연출 작업에서는 인물들의 비중을 골고루 분산시켰다. 특히 시평 역을 강화하여, 노련한 김선영에게 맡겼다.

유치진은 "수동적인 입장으로 묘사되어 있는 전처 노시평에게서 그 비극성의 보다 무거운 부면을 찾아내려고 애썼다. 번의에게만 중점을 두어 연출을 하면 이 작품이 하나의 운명극이기보다는 흔히 있는 치정극이 되기 쉬운 폐단도 있거니와 봉건적 중압을 운명인 줄 알고 참고 견디려는 노시평이야말로 봉건주의의 가장 대표적인 희생물이며 그 고민이야말로 모성애의 극치임을 간과할 수 없기 때문"[15)]이라고 논리적 근거를 세웠다. 그러면서 번의에 의해 작품이 주도되지 않도록 하는 데 주의했다.

이러한 입장은 이 작품이 치정극으로 전락하지 않도록 고심한 흔적이다. 유치진은 치정적 요소로 얼룩진 연극, 즉 평범한 멜로드라마가 되지 않도록 하기 위해서 '운명극'이라는 장르적 개념으로 작품을 해석하고 '운명'적 요소를 강화하여, 작품의 품위가 실추되지 않도록 노력했다.

유치진은 주번의를 중심으로 하는 원작의 구도를, 시평을 부각시키는 자신의 연출 의도로 재편하기 위해서, 시평 역으로 노련한 배우 김선영이 필요했다. 그래서 이미 주번의 역을 맡은 적이 있었던 김선영의 캐스팅 이동을 단행하였다.

처음 김선영은 캐스팅에 불만을 토로했다고 한다. 1946년 낙랑극회(초연)에서 맡았던 주인공(번의) 역을 하지 못하게 된 것에 대한 불만이었다. 유치진은 시평에게 극의 초점을 둔다고 사정을 설명하여 그 불만을 무마시킬 수 있었다고 한다.[16] 배역의 숨은 의도를 참고할 때, 유치진이 젊은 주평과 번의와 사봉의 삼각 관계에 매몰되지 않으려 했음을 알 수 있다.

유치진 연극의 생명력은 대본의 충실한 재현 못지 않게, 노련한 연출 계획에 있었다. 지독한 연습이나 대본의 리딩도 중요했지만, 연습 이전에 배우들의 동기 유발을 앞세웠고, 리딩 이전에 불필요한 말을 삭제하는 작업을 선행했다.

희곡의 무대화를 주장하는 발언은, 조명과 음향에 대한 세심한 주의나 스펙터클한 무대 장치에서 확인된다. 희곡은 이러한 무대적 여건을 간단히 표현하거나 여백으로 비워두기 일쑤이다. 연출가는 작가와는 달라, 이러한 여백을 읽고 부족한 것을 보충할 수 있어야 한다.

그러나 무엇보다 유치진의 연극을 생동감 있게 만든 것은 배우들을 조정하는 능력이었다. 이해랑에게 주평 역을 준 것이나, 김선영에게 시평 역을 맡긴 것이나, 백성희에게 더블 캐스팅으로 번의 역을 맡긴 것이나, 박경주에게 대해 역을 맡긴 것은 더 없이 적절했다. 무리한 주역보다는 안정적인 주변 역할을 맡기고, 독자적 연출 플랜과 작품에 따라 배역을 이동하는 공격적 캐스팅은 매우 적절한 연출 방식이었다.

배우를 잘 아는 연출가 : 이해랑

배우 출신의 연출가

이해랑은 배우 출신 연출가이다. 연출가라면 무대 위에 한 번쯤 오른 경력을 지니고 있겠지만, 이해랑은 그 경력이 무척 길다. 그는 이왕가(李王家)의 후손으로 태어나 불우한 유년시절을 보냈고, 가까스로 유학을 떠난 일본에서 처음 연극을 만났다. 동경학생예술좌에 가입해서 연극을 하게 되면서, 무대위의 인생에 매료되었다. 그는 또 하나의 나를 산다는 것과 무언가를 창조할 수 있다는 것에 심취해서, 연극이 '인생의 진실을 강력하게 표현하는 인간적인 예술'[17])이라고 믿고 평생을 따르게 된다.

그는 악역을 도맡은 배우로 유명하다. 평생 지기이자 라이벌인 김동원이 주역을 도맡아 한 배우였다면 그는 그 옆에서 조연으로 출연하며 연극적 무게를 실어주는 역할을 주로 맡았다. 그러다 보니, 그의 배역은 주인공의 생을 방해하고 갈등을 부여하는 악역인 경우가 많았다. 당시 연극적 관습에서 주역이 아닌 조역이, 그것도 선한 역할이 아닌 악역이 주목받는 경우는 거의 없었다. 그런데 그는 이러한 관습적 한계를 뛰어넘으며 당대 관객들에게 깊은 인상을 남긴 배우였다. 요즘 말로 하면 '비중 있는 조역' 전담 배우였던 셈이다.

또 이해랑은 지성적인 연기를 한 것으로 유명하다. 그는 신파극을 지독히 경멸했는데, 신파 연기가 인생의 진실을 보여주는 데에 모자람이 많다고 생각했기 때문이다. 연극이 그에게 삶의 기쁨과 목표를 제시한 만큼, 그는 연극을 신성하게 여기는 연극관을 가지고 있었다. 그런 만큼 대중극적 연기, 특히 신파극단에 의한 과장된 연기는 신성한 연극을 오염시키는 해악이라고 생각하지 않을 수 없었다.

물론 해방 이후 '낙랑극회'에 잠시 머물면서 당대 신파 연기의 일인자였던 배우 황철과 우애를 쌓으면서 어느 정도 선입견을 줄이기는 했지만, 이러한 그의 연극적 신념은 평생 일관되게 지속되었다. 신파 연기가 유럽의 낭만주의 연기술에서 비롯된 만큼, 그는 낭만주의 이전의 연극에 대해서는 그다지 매력을 느끼지 못했고, 평생을 통해 리얼리즘 연극과 그 연기술의 장점을 신뢰했다. 그는 셰익스피어 연극에 출연하고 상당수 만들기도 했지만, 셰익스피어마저 리얼리즘 연극관에 의거하지 않는다고 하여 높게 평가하지 않았다. 이러한 신념은 훗날 그의 연출관을 정립하는 기틀을 마련했다.

절제의 동력학

유민영은 이해랑의 연출관을 한 마디로 "우주와 같이 광대하게 생각하고 별과 같이 적게 표현하자"라고 요약했다.[18] 사실 이 말은 이해랑이 신협에서 「맥베드」를 연출할 때, 배우들에게 했던 세 가지 주문 가운데 하나였다. 다른 두 가지는 "무내용적(無內容的) 연기를 철저히 배격하자"와 "현실적인 조건 혹은 아양하는 극적 정서보다 예술적인 분위기 조성에 힘쓰자"[19]였다.

이 세 가지 주문은 실제로 하나의 목표를 염두에 둔 것이다. 그것은 생각(고뇌)하는 연기이고, 그 생각을 바깥으로 과장되게 드러내지 않는 연기이다. 이것은 이해랑이 연극에 입문하고 활동을 개시하던 시절의 주변 연극과 관련이 있다. 신파는 관객의 눈물을 자아내는 내용과 연기로 대중의 인기를 모으고 있으나 그 이야기들은 삶과 현실에 대해서는 막연하게 대처할 뿐이었다. 이해랑은 이를 배격하고자 했다. 이해랑이 혐오했던 연극에는 프롤레타리아 연극도 포함된다. 그는 한때 이 땅에서 우후죽순처럼 번성했던 프롤레타리아 연극에 대해 다음과 같이 비판했다.

대체로 그들의 무대에서는 생각하는 인간을 볼 수 없었다. 다만 저주하고 삶의 고통에 발악하여 현실을 증오하고 울부짖고 군중과 관객을 향하여 가슴에 주먹을 처박고 비장한 선동적 연설을 하는 것이었다. 그래서 그들의 무대에는 언제나 침착성이 결여되고 우락부락한 폭거에 질려 예술적 정서는 창백한 얼굴로 전율하고 있었다.[20]

　　이해랑은 차분한 연기를 신봉했다. 선동적인 연설이나 교조적인 원리는 인생의 진실을 담을 수 없다고 생각했고, 오히려 현실을 왜곡하고 삶을 미화하는 잘못된 방식이라고 믿었다. 연극이 침착하게 생각하며 삶과 인생과 현실에 대해 응시할 수 있는 인간을 보여줄 때, 진실에 가깝다고 생각했다. 그런 측면에서 이념 지향적인 프롤레타리아 연극이나 대중(감상) 지향적인 신파 연극은 그에게 올바른 연극일 수 없었다.

　　그는 지적인 면모를 갖추고 주어진 상황에 이성적으로 반응하는 연기를 선호했다. 그는 악역을 맡아도 그 악역이 연극적으로 뚜렷한 개성을 가질 수 있도록 형상화했다. 이러한 배우술은 그가 연출한 연극에도 그대로 적용되었다.

　　그는 스타니슬라브스키의 연기법에 관심이 많았다. "스타니슬라브스키는 격정에 몸을 맡기고 배우가 흥분하여 선동적인 과정을 일삼는 통속적 연기를 배격하고 있다"고 말하면서, 자신이 추구하는 연극이 흥분과 과장이 아님을 피력했다. 그는 배우의 연기가 사람의 마음을 파고드는 심층적 정서를 담아내야 하고, 배우는 그 정서를 담기 위해서 삶과 주변을 관찰해야 하며, 그 관찰을 통해 행동하는 자아를 원만하게 조종할 수 있게 되어야 한다고 생각했다. 관찰 가운데는 관객에 대한 관찰도 포함된다. 거꾸로 말하면, "관객이 배우들의 섬세한 표현을 조용히 느끼면서 받아들이는 연극의 연출을 원하고 있다"고 믿었던 셈이다.[21]

술친구 같은 연출가

이해랑은 연출가의 독재적 면모를 배격한 연출가였다. 가령 "연극은 극작가의 독점물인 것을 바라지 않았던 거와 마찬가지로 또한 연출가의 독재를 바라고 있지 않다"[22]는 발언을 보면, 그가 우리가 일상적으로 보는 권위적인 연출가 타입이 아님을 알 수 있다. 그는 "진정한 연출가는 연극에서 연출가의 자취를 보이지 않는 연출가"라고 말했다. 배우를 통해서, 혹은 배우의 뒤에서 배우가 스스로 배역과 연기를 창출한 것처럼 보이게 하면서 조용히 관객과 대화를 나누게 하는 것이 연출가의 소임이라고 믿었던 것이다.

이해랑은 두주불사(斗酒不辭)라고 불릴 정도로 술이 강했다. 그런 그인 만큼 평소 술친구에 대해 막대한 신뢰를 가지고 있었는데, 아무리 듣기 싫은 말도 술자리에서 친한 친구가 하면 들을 수 있었다는 것이다. 이해랑은 같은 방식을 배우에게도 사용했다.

　(배우에게:인용자) 이렇게 해라, 해야 한다고 꾸짖은 적도
없다. 그때 그 연기자가 다른 길을 가고 해석을 달리하고 있
으면 나는 조용히 충고한다. 그렇게 해서 연습장에서도 통
하지 않으면 연기가 끝난 다음에 그 연기자와 함께 술잔을
나눈다. 술좌석에서 거나하게 술이 돌았을 때 다시 애기를
한다. 그때 연습장에서 네가 한 행동에 대해 이렇게 생각한
다. 이렇게 수정하길 바란다. 너는 강조할 데를 강조하지 않
고 오히려 눌러야 될 것을 강조했다는 등 구체적으로 지적
하는 것이다.[23]

　이러한 설득력은 배우들에게 연출자의 존재를 부각시키지
않으면서도 자율적인 개발을 유도했다. 그가 반대했던 연출의
권위는 배우들의 연기에 스며들었고, 배우들은 자부심을 가지
고 연기할 수 있게 되었다. 이러한 연출 방식은 긴 시간을 필
요로 하고 인내를 요하는 방법이 아닐 수 없었다. 그리고 배우
에 대해 잘 아는 연출가만이 할 수 있는 방법이기도 했다.
　우리나라를 대표하는 연출가들은 나름대로의 성향이 있지
만, 이러한 성향은 홍해성과 이해랑에게서 발견되는 특색이다.
연기를 잘 알고 배우의 편에서 생각하는 방식은, 고압적인 연
출관을 강요하지 않으면서도 배우들의 연기를 끌어내는 일종
의 내면의 연기술을 가능하게 했다. 이해랑은 리얼리즘 연극

을 특히 신봉했는데, 그것은 리얼리즘 연기법만이 인생의 진실을 자연스럽게 체화시킬 수 있다고 믿었기 때문이다.

잔잔한 삶의 심영(心影) : 하유상의 「미풍 微風」

「미풍」은 고요한 작품이다. 그러나 그 바깥에는 소용돌이치는 삶의 폭풍이 감싸고 있다. 작가 하유상은 '작의'를 밝히며 소용돌이치는 사건을 무대 바깥에 배치하고, 무대 위에서는 그 여운과 슬픔을 조성하라고 부탁하고 있다.

송 화백은 도자기 애호가이다. 그에게는 독일로 유학간 아들 성구(무대에는 한 번도 등장하지 않는다)와 별거 중인 딸 성희가 있다. 송 화백은 도자기를 지나치게 사랑한 나머지, 아내의 불만을 사 이혼한 경력을 가지고 있다. 성희를 사랑하지만 번번이 거절당하는 영철, 아내와 불화를 겪는 소설가 명호, 아들의 약혼녀 은주가 송 화백의 집으로 기거하듯 찾아든다.

1막의 배경은 봄이다. 봄은 고요한 이 가정에 '창문이 덜거덕거리는 소리'를 보내오고 이어 '종달새의 소리'를 선사하고 있다. 처음 이 소리는 화창하고 아름다운 봄날의 소리로 들린다. 그러나 차츰 삶의 신음 소리로 변해간다.

송 화백의 처참한 과거가 그러하고, 성희의 히스테리에 가까운 울음소리가 그러하다. 영철의 우울한 눈빛과 명호의 혼란한 농담도 그러하다. 사람들의 아픔이 드러나면 어김없이 창문이 덜커덩거리고 종달새가 운다. 아내가 보낸 도자기 상이 송 화백이 아끼는 도자기를 깨뜨리는 대목에서 봄날의 기운은 절정에 달한다. 친구 황 노인이 등장한 사이로 '창문이 크게 흔들리며 벚꽃이 우수수 지는 것이 비친다.'

2막은 신록의 분위기를 풍기는 여름이다. 황 노인이 결혼식 날 이혼해야 했던 사연이 소개되면서, 이 작품에서 가장 명랑한 인물인 황 노인조차 큰 아픔을 가진 사람임이 알려진다. 황 노인도 과거로부터 고통받고 있다.

그것은 영철도 마찬가지이다. 영철은 신혼 여행지에서 뒤바뀐 남편과 살아야 했던 어머니에게 태어나, 자신을 불행으로 몰아넣었다고 한탄하는 아버지의 구박을 받으며 자라났다. 불행한 유년을 보냈던 영철은 우울한 눈빛을 가진 청년이 되었고, 이 눈빛은 이웃집 발레리나(미쓰 김)를 사로잡았다. 영철은 미쓰 김과의 행복한 결합을 꿈꾸었지만, 미쓰 김이 발레리나가 아니라 누드 모델임이 밝혀지면서 자살하고 만다. 불행한 만남으로 태어나 불행한 만남을 경험하고 불행하게 죽은 남자가 된 것이다. 작가는 영철의 과거를 과거에서 끌어와 그의 죽음을 무대 바깥(우물)에서 처리했다. 고요한 지진이 삶에 균열을 일으키는 광경인 셈이다. 사건은 개구리 울음 소리가 요란한 밤에 일어난다.

3막은 미쓰 김의 내력이 소개된다. 미쓰 김은 한국인 아버지와 일본인 어머니 사이에서 태어난 혼혈아였다. 어머니가 죽자 한국에 왔으나 아버지는 그녀를 박대했고, 생계가 막막했던 그녀는 누드 모델이 될 수밖에 없었다. 그녀는 영철을 죽게 만든 죄책감에 정신 이상 증세마저 보이고 있다. 3막의 가장 커다란 사건은 성구의 귀국이다. 귀국과 때를 맞추어 성희는 명호와 사랑에 빠진다. 그러나 성구는 독일에서 죽고, 믿었던 명호는 성희를 떠난다.

4막은 크리스마스 이브이다. 그러나 송 화백의 집안은 기쁜 소식이 날아들지 않는다. 성희의 남편인 명수는 성희를 떠나 미쓰 김과 결혼을 선언하고, 은주는 주위의 결혼 권유에도 불구하고 죽은 성구를 기다리겠노라고 다짐한다. 은근히 명호를 기다리던 성희는 이혼에 실패하고 자신을 떠난다는 명호의 대답을 들어야 했다. 그리고 그토록 오랫동안 자신을 돌보아주던 문 여사가 실은 친어머니였음을 알았으나, 어머니라는 말도 못하고 떠나보내야 했다. 더욱 안타까운 것은 문 여사가 죽었다는 사실조차 제대로 인지하지 못한다는 사실이다.

송 화백과 그 주변 인물들은 불행한 기억에 휩싸여 있다. 송 화백은 젊은 날의 실수로 아내를 잃었고, 황 노인은 결혼식 날 이혼하는 기구한 사연을 지니고 있다. 영철의 어머니는 엉뚱한 첫날밤으로 인해 평생을 고통스럽게 살아야 했고, 그 고통은 영철에게 대물림되어 자살로 이어졌다. 남편을 길들이겠다는 성희의 바람 역시 무산되고 그녀는 다시 한 번 버림받게 되었으며, 4년의 기다림을 잃은 은주는 실의 속에 자포자기의 인생을 택할 것 같다. 문 여사는 젊은 날의 자존심 때문에 버려야 했던 자식과 남편, 가정과 행복을 평생 그리워했다. 명수는 재혼하지만 그 결과는 단정짓기 어렵다.

과거와 실연과 고통은 목전에 있다. 그럼에도 실체는 무대 위에는 없다. 무대 위에는 사건의 잔영만이 감돌 뿐이다. 마치 "겨울인데도 마치 오뉴월 미풍같이 포근하다"는 말을 증명하듯 말이다. 이 작품에서 사건이라고 할 것은 대부분 과거나 무대 밖에서 일어난다. 무대에서는 그 사건들이 감지될 뿐이다. 그래서 오히려 그 여운이 깊다. 슬픔의 잔영이 무대를 잔잔하게 덮어 오면 심리적 동요를 감당하기 힘들어진다.

　　이해랑은 이 작품을 연출하면서 주목할 만한 연출노트를 남겼다. 그는 작품의 특성을 네 가지로 정리했다. 첫째 줄거리보다 분위기 위주여야 한다는 점, 둘째 한 사람의 악역도 없다는 점, 셋째 극적 사건은 전부 무대 바깥에서 처리된다는 점, 넷째 4막을 계절의 순환에 입각하여 구성해야 한다는 점, 다섯째 뚜렷한 주인공이 없다는 점.[24]

　　이러한 작품 해석은 체홉을 연상시킨다. 이해랑은 체홉을 대단히 뛰어난 극작가로 평가했고, 체홉의 작품을 대단히 선호했다. 위의 다섯 가지 특징이 대략 체홉의 「세자매」나 「반야 아저씨」 혹은 「갈매기」에도 적용된다는 점에서, 왜 이해랑이 「미풍」에 공을 들였는지 알려준다.

　　체홉의 작품은 잔잔한 삶의 호수에 던져진 돌과 같다. 작지만 끊이지 않는 파문이 일고, 그 파문은 좀처럼 멈추지 않고 마음의 기슭까지 밀려온다. 「미풍」도 마찬가지이다. 송 화백의 집안을 감싸고도는 파문은 그들 가족과 주변 인물을 작지만 강력하게 압박해온다. 그 압박은 우리의 삶과 현실을 너무

닮아 있어, 보기에 고통스럽다. 그렇게 고통스러운 데도 정작 사건은 우리가 모르는 곳에서 일어나며 따지고 들어도 무엇이 원인인지 알 수 없다. 송 화백은 의연하게 불운을 맞이하는데 그의 관조적인 자세는 이해랑을 연상시킨다.

이해랑은 다섯 가지 연출 계획을 세웠다. 첫째, 분위기를 살려내기 위해서 음향과 배음 효과에 노력한다. 둘째, 인물간의 갈등을 세부적으로 묘사하기 위해서 소품에까지 실감을 불어넣는다. 셋째, 내면적인 극의 흐름(심리적 관통선)에 유의한다. 넷째, 계절의 변화를 표시한다. 다섯째, 특정 인물에 초점을 맞추기 보다는 전체 인물에 고르게 비중을 둔다.[25]

창문이 덜커덩거리는 소리, 개구리 소리, 꾀꼬리 소리 그리고 달빛에 비친 아름다운 설경은 모두 등장 인물의 심리 상태를 보여주는 장치들이며 동시에 삶의 무심한 변화와 계절의 순환을 일깨우는 상징들이다. 삶과 인생은 이러한 무심한 것들 속에 있지만, 고통과 아픔은 이러한 무심함을 순식간에 참혹한 것으로 바꿀 수 있다. 그러나 그 전환도 곧 가라앉는다. 어떻게든 삶은 살아지는 것이다. 황 노인의 말대로 "뭐 산다는 것이 그리 대단하다구 그랬을까……? 나같이 바람부는대루 물결 흐르는대루 살아"지는 것인지도 모른다. 이해랑이 말한 인생의 진실이, 혹 이것이 아닐까. 평화로운 삶의 틈새로 솟아나는 신산함, 그 신산함을 이겨낸 인생의 달관. 이해랑은 그 느낌과 전언을 전달하는 것에 최선을 다한 연출가였다. 그에게 연극은 삶을 이겨내는 미풍이었는지도 모른다.

인간을 그리는 무대 : 임영웅

연극과의 인연

임영웅은 1934년 서울 현저동에서 태어났다. 그의 부친은 1930년대 한국은 물론 일본에서도 명성이 높던 재즈 연주자였다. 1948년 임영웅은 휘문 중학에 입학했다. 중학교 1학년 때 국어 교사 주혼파 씨(본명 조봉순)의 권유로 개교 50주년 기념 작품에 출연하게 되었다. 작품은 「마의태자」였고, 명동 국립극장에서 공연되었다.

임영웅에게 연극과의 인연을 본격적으로 맺어준 사건은 고등학교 3학년 때 일어났다. 한 좌담회에서 임영웅은 「뇌우」를 중심으로 연극에 대한 자신의 견해를 피력하게 되었다. 그 자리에는 유치진과 이해랑도 참석하고 있었다. 임영웅의 모습을 눈여겨본 유치진은, 임영웅에게 연출을 권유했다.

연출가 데뷔는 1955년에 이루어졌다. 연극학회가 주최한 제1회 전국 중·고등학교 연극경연대회에, 임영웅은 휘문고등학교 연극 팀을 이끌고 참가하게 되었다. 처음 휘문 측은 학교 내에서 연출 문제를 해결하려 했다. 그러다가 뜻한 대로 이루어지지 않자, 임영웅을 수소문해서 의뢰한 것이었다.

본인의 표현을 빌리면 "동서남북도 제대로 가리지 못하는 상태"에서 시작한 연극이 「사육신」이었다. 중도에 뛰어들었기 때문에 연습량이 부족했고, 이를 메우기 위해서 원서동 교사(지금의 현대그룹 사옥) 강당에서 합숙까지 강행했다.

열심히 연습한 성과가 있었다. 김경옥은 「경향신문」에 게재한 총평에서, 휘문의 작품이 학생극다운 순수함이 있다고 칭찬했다. 휘문고는 단체로는 3위를 했고 연기상을 두 사람이나 수상했다. 그중에 한 사람이 연극배우였던 고(故) 이진수였고, 다른 하나가 KBS 성우로 활동한 안종국이었다. 탤런트 박근형이 박팽년 역으로 출연했고 KBS 촬영 감독을 지낸 박노한은 하위지 역으로 출연했다.

연극 무대로의 데뷔와 성장

처음으로 학생극이 아닌 일반단체 연출을 한 것은 1965년이었다. 임영웅은 1965년 11월 19일부터 21일에 이르는 기간 동안, 국립극장에서 막스 프리쉬 작, 한봉흠 역의 「전쟁이 끝났을 때」를 연출했다. 이진수, 이치우, 오지명, 김금지가 출연했고, 다재다능했던 함현진은 무대장치 디자이너로 참여했다. 아그네스 역을 맡은 김금지가 제2회 동아 연극상을 받는 성과를 누렸다.

'동인극장'과의 인연은, 「사육신」 연출과 관련이 있다. 당시 만났던 사람들의 대부분이 방송계와 연극계에 포진하게 되었고, 임영웅은 문화부 기자를 하면서 그들과 긴밀하게 접촉하게 되었다. 동인극장의 멤버들은 정일성, 김인태, 김금지, 이진수, 오지명, 윤계영, 이치후, 노경자 등이었다. 이들은 대부분 국립극장 연기인 양성소 1기생들로, 서로 뜻을 합쳐 극단을 조직한 것이다.

임영웅은 예그린악단에서도 활동했다. 이 극단이 의욕적으로 준비한 작품 「살짜기 옵서예」(김영수 작, 최창권 작곡)의 연출을 맡기로 한 사람이 이유도 없이 사라지는 문제가 생기자 당황한 극단 측은 임영웅을 연출가로 긴급 수혈했다. 「살짜기 옵서예」는 우리나라 뮤지컬의 효시로 알려진 작품이다. 대대적인 성공을 거두며, 주제가가 대중가요로 불릴 만큼 인기가 높았다. 이후 임영웅은 뮤지컬 연출가로도 활발하게 활동한다.

1968년 임영웅은 국립극단의 연출 제의를 수락했다. 작품은 국립극장과 경향신문사가 공동으로 현상 모집한 장막희곡 당선작인 「환절기」였다. 임영웅은 이 작품을 읽고 에드워드 올비의 「누가 버지니아 울프를 두려워하랴」와 상당히 유사하다는 인상을 받았다.

그는 이 작품을 사랑하면서도 서로 상처를 주고받는 사람들의 이야기로 해석했고, 그 이중성을 현대인의 특징으로 표현했다. 연출 방향은 이중적이면서도 모호한 성향을 살려내는 데에 집중되었다. 장민호, 백성희, 나옥주, 김성원, 최불암, 김민자, 정애란 등이 출연해서 호평을 받았다.

최불암(이형주 역)은 실어증 환자 역을 맡았는데, 대사 없이 휠체어에 앉아 있는 모습이 상당히 인상적이었다. 최불암은 당시 신인이었는데, 자신의 역에 상당한 애착을 보였다. 최불암은 역을 위해 정신병원 견학을 하기도했다. 그는 특히 환자들이 앉아 있는 모습을 유심히 관찰했다고 한다. 「환절기」는 1968년 4월 오태석 작, 임영웅 연출, 장종선 미술로 '국립예술극장'(일명 명동예술극장)에서 초연 되었다.

임영웅은 이후 정하연의 당선작 「환상살인」과 전진호의 「인종자의 손」을 연속적으로 연출했다. 「환상살인」은 1969년 3월 1일부터 7일까지 공연되었다. 출연진은 민승원(성민주 역), 장민호(권중혁 역), 윤계영(판사 역), 이치우(변호사 역), 최불암(남건우 역), 백성희(하인혜 역) 등이었다. 이 작품은 1969년 희곡현상 당선작이었다.

「달집」은 1971년 9월 14일부터 18일까지 공연되었고 작가는 노경식이었다. 이 작품은 특수한 인연을 통해 임영웅에게 전달되었다. 「꽃피는 체리」를 번역했던 박영희가 어느 날 좋은 작품이 있다고 알려왔다. 그 작품은 『연극평론』에 실리기로 한 상태여서, 교정쇄로 보아야 했다. 작품을 읽은 임영웅은 국립극장에 추천했고, 그 연출을 맡게 되었다.

이상의 네 작품은 임영웅이 국립극장에서 연출한 작품이다. 임영웅은 네 작품의 단점을 보완하는 수완과 면밀한 연출 솜씨를 선보였다. 특히 신인 작가의 작품을 꺼리지 않고 우수한 희곡만을 선택하려는 바람직한 자세와 시각을 보여주었다.

임영웅은 프로듀서 시스템을 선호하고, 필요한 연기자를 그때그때 모아서 공연하는 방식의 우수성을 믿는 연출자이다. 이러한 프로듀서 시스템을 처음 적용한 공연이 「덤 웨이터」였다. 임영웅은 이 작품을 만들면서 「고도를 기다리며」에 대한 이야기를 많이 나누었다. 이 작품을 소화하기 위해서 자연스럽게 베케트가 거론되었기 때문이었다.

「고도를 기다리며」에의 도전과 반복

「한국일보」 정홍택 기자가 『주간한국』의 행사 진행을 지켜보고 임영웅에게 한 가지 제안을 했다. 당시 새로 설립된 한국일보 사옥(지금의 구관이지만) 12층에 350석 규모의 강당이 있으니, 공연을 하는 것이 어떻겠느냐는 것이었다. 비록 무대가 작고 조명시설도 완벽하지 않았지만, 극장이 없어 쩔쩔매던 임영웅에게는 반가운 제안이 아닐 수 없었다. 더구나 당시로는 보기 드물게 강당에 카페트까지 깔려 있어 마음에 들었다. 좁은 무대에 구애받지 않고 할 수 있는 연극인 「고도를 기다리며」를 위해서는 적격인 무대였다.

때마침 베케트의 노벨 문학상 수상 소식이 발표되면서 개막 일주일 전에 전 공연의 예매권이 매진되는 초유의 사태가 발생했다. 그러나 정작 작품 「고도를 기다리며」는 만만하지 않았다. 그래서 연극에 대한 책을 많이 읽었다. 그는 이 시기에 연극을 하면서 가장 많은 책을 읽었다고 말한다. 하지만 책은 참고만 되었을 뿐, 궁극적인 해결책을 제시하여 주지는 못했다. 남은 방법은 '자신의 방식'으로 하는 것이었다. 그는 특유의 뚝심으로 해석의 기본 방향을 세웠다. 현대인을 벌거벗겨 무대에 올려놓고 기다리라고 한 전언을 따르기로 결심하고 생각을 정리해나갔다. 이러한 임영웅의 생각은 성공으로 이어졌다.

1973년에 「고도를 기다리며」가 재공연되었다. 출연진은 1회나 2회 때와 거의 유사해서 김성옥, 함현진, 김무생, 김인태가 출연했다. 소년 역의 이재인 대신 윤정배가 새롭게 캐스팅되었을 뿐이다. 그런데 크게 달라진 것이 있었다. 그것은 무대의 크기였다. 첫 번째 두 번째 공연과는 달리 세 번째 공연은 한국일보 소극장이 아닌, 명동 국립극장에서 열렸다. 「고도를 기다리며」를 넓은 공간에 담아 보고 싶은 욕심 때문이었다.

이것은 그 뒤 수 차례 반복되는 실험의 일환이었다. 소극장은 배우들의 연기나 표정, 느낌이 직접적으로 교류되는 장점이 있는 반면에, 인간의 어떤 고독감이나 인생의 황량함을 전달하는 데에는 상대적으로 약점을 드러내었다. 대극장 공연은 이러한 약점을 장점으로 승화시켰다. 임영웅은 여기서 「고도를 기다리며」가 '좋은'작품이라는 인상을 강렬하게 받았다.

여기서 임영웅의 연출 스타일을 정리하고 넘어갈 필요가 있다. 흔히 임영웅은 리얼리즘 연출 스타일의 정통적인 계승자로 알려져 있다. 그것과 함께, 원작을 한 줄도 고치지 않는 연출 방식으로도 유명하다. 그러나 한 줄도 고치지 않는 연출 방식이, 리얼리즘을 의미하는 것은 아니다. 둘 사이에는 별반 관계가 없다. 사실 임영웅은 자신의 연출 스타일이 리얼리즘에 입각한 것만은 아니라고 말한다. 여기서 유용한 것이 평소 임영웅이 말하는 "연극이 인간을 그리는 예술"이라는 간명한 소신이다. 그는 인간을 그리기 위해서는 어떤 특정 연출 스타일을 고집해서는 안 된다고 말한다.

그렇다고 임영웅이 작품을 전혀 고치지 않는 것도 아니다. 「쥬라기의 사람들」은 그 증거이다. 그는 13장을 삭제하기 위해서, 작가인 이강백과의 충돌도 불사했다. 다만 연출가가 작가의 의도를 존중할 필요가 있다고 주장한다. 그는 연출가가 어떤 작품을 선택할 때에는 그 작품의 우수성을 인정했기 때문이며, 굳이 고칠 필요가 있는 작품이라면 처음부터 선택하지 말아야 한다고 주장한다.

그는 리얼리즘 작품에 대한 일방적인 경도도 없다. 이해랑은 체홉의 연극을 최고로 생각했으며 연극의 다른 양식에 대한 리얼리즘(신극)의 우위를 믿고 주장한 연출가였다. 그러나 임영웅은 그 방면에서 어떤 특정 장르를 고집하지 않았다. 그는 「겜블러」와 같은 뮤지컬도 연출했고, 「고도를 기다리며」
와 같은 부조리극에도 높은 조예를 드러낸 바 있다.

여성 연극의 맥락

「고도를 기다리며」와 함께 산울림소극장을 대중에게 각인
시킨 연극은 이른 바, '여성 연극'이다. 「위기의 여자」는 86년
4월 1일부터 30일까지 산울림소극장에서 초연되었다. 이 공연
에는 임영웅과 산울림의 공동 대표를 분담한 오증자의 공이
매우 컸다. 힘들 것이라고 예상은 했지만 소극장 운영은 큰 고
통을 감내하게 했다. 오증자는 대책을 숙의했다. 그래서 그들
은 여성 관객을 적극적으로 유치하는 방안을 고안했다. 예나
지금이나 연극 관객의 대부분은 여성, 그것도 여대생이다. 그
들은 이미 중년부인이 되어 있을, 예전에 극장 출입을 즐기던
여대생들을 다시 극장으로 불러모을 방안을 강구했다.

시몬느 드 보봐르의 「위기의 여자」는 그 단서가 되었다. 더
구나 당시는 이화여대 창립 100주년이 되는 해였다. 이 땅에
서 본격적인 여성 교육이 시작된 지 100년이 되는 의미 있는
한 해였다. 그래서 그들은 여성문제를 생각하는 연극을 만들
어야 한다는 데 뜻을 모았다.

결과는 상상 외였다. 초연에 모여든 관객은 5만 명이 넘었
고, 무려 7개월 동안이나 공연되었다. 대단한 성공이었다. 무
엇보다 여성의 삶에 대한 밀도 있는 탐색을 벌일 수 있는 이

후 작품들을 산출할 수 있는 확신과 용기를 얻을 수 있었다. 이후 이 작품은 87년, 90년, 95년에 재공연되었다.

박정자는 「위기의 여자」의 주역이었다. 임영웅은 원작이 제시하는 우아한 여성의 아우라를 표현하지 못할지라도, 박정자의 뛰어난 연기력을 살려 리얼리티를 강조하는 방법을 채택했다. 배역의 묘를 살리기로 하자, 상대 역 역시 캐스팅의 차원이 넓어졌다. 반드시 멋지거나 근사한 이미지의 남자가 아니어도 괜찮다고 판단되었다. 그래서 박정자, 조명남 커플이 탄생하게 되었다.

임영웅은 독자적인 연출 스타일로 이 작품을 재설계하기로 내심 결정한 셈이다. 박정자에게 모니끄 역을 맡겼고, 박정자는 혼신의 노력을 다했다. 임영웅이 무대에서 주문한 내용은 "80도인 체온을 20도로 낮추라"는 것이었다. 박정자는 무대 위에 뜨거운 열정을 풀어놓는 배우였지만, 이 작품에서는 보다 냉정해질 필요가 있었다.

「숲속의 방」(87년 4월 3일부터 5월 31일까지)과 「영국인 애인」(87년 6월 16일부터 7월 26일까지)이 그 다음에 이어졌다. 「숲속의 방」은 20대 여성들의 고뇌를 그리려는 목적으로 선택되었다. 이 시기 산울림 연극의 중심은 여성 연극에 있었다. 그것은 지속적으로 이어진 여성 연극의 발표와 집중된 세인의 관심에서 확인된다. 1988년 3월 8일부터 4월 3일까지는 「웬일이세요 당신」(정복근 작, 임영웅 연출)이 올려졌고, 12월 14일부터 89년 4월 30일까지는 「하나를 위한 이중주」가 올려졌다. 두 작품은 여성의 삶과 상처를 다룬다는 점에서 연관되고, 여성들이 연극을 주도했다는 점에서 공통적이다.

「웬일이세요 당신」은 박정자의 일인극이었다. 박정자라는 강렬한 카리스마를 가진 배우의 삶과 여자로서의 삶이 결합된 작품이었다. 이 작품의 주인공은 중년 여인이다. 한때 연극배우였는데, 결혼과 함께 무대를 떠났다. 오랫동안 살림에 익숙해져 있던 여인에게 위기가 찾아온다. 신체적으로 폐경기가 왔고, 가정적으로 문제가 발생했다. 남편이 외도를 했고, 딸과 충돌이 일어났다. 그러면서 지난 자신의 세월을 돌아보게 되었다. 자신이 맡았던 배역들을 돌아보고, 그때 입었던 화려한 의상을 입어보게 된다. 그녀가 맡았던 역은 남편의 배신에 처절하게 응징하는 '메디아'이거나 낯선 남자로 인해 갈등을 겪는 「백양섬의 욕망」의 '아가타'였다. 이 연극에는 박정자의 자전적 요소가 깊게 투영되어 있다.

여성 연극의 발견과 여성 연기자들의 활약은 산울림소극장의 여성 연극이 가져온 한국 연극의 성과였다. 그런데 임영웅은 산울림소극장이 '여성 연극의 메카'라는 말에 찬동하지 않는다. 그것은 임영웅의 소박하지만 명료한 연출관에 근거한다. 그에게 연출은 인간을 그리는 작업이다. 따라서 여성 연극이 따로 있는 것이 아니라는 것이다. 남성 연극이라는 말이 없는 것처럼, 여성 연극이라는 말도 좋은 연극, 즉 인간을 그리는 작업의 일환에 불과하다. 어떤 의미에서 여성 연극이라는 용어는 여성 차별적인 시각을 반영하고 있다는 것이 그의 입장이다. 따라서 편의상의 용도 외에는 그리 권장할 사항이 아니라고 주장한다.

그는 인간의 문제로 여성 문제를 파악하고자 하고, 여성의 삶을 인간을 그리는 삶으로 표현하고자 한다. 안타까운 것은 우리 작가들의 작품이 많지 않아, 외국 희곡작품과 소설작품의 각색에 더 공을 들여야 했다는 점이다. 그 뒤로도 드니즈 살렘의 「엄마는 오십에 바다를 발견했다」와 아놀드 웨스커의 「딸에게 보내는 편지」, 박완서의 「그대 아직도 꿈꾸고 있는가」와 김형경의 「담배 피우는 여자」 「사랑을 선택하는 특별한 기준」 등이 공연되었다.

세계가 인정한 「고도를 기다리며」

임영웅은 1988년 9월 6일부터 10일까지 문예회관 대극장에서 「고도를 기다리며」를 다섯 번째 재공연했다. 그때 학술회의 참가 차 서울을 방문한 마틴 에슬린(Martin Esslin)이 임영웅의 「고도를 기다리며」를 관람하고 싶어했다. 그는 '부조리극(absurd drama)'이라는 명칭을 처음 부여했고, 『부조리 연극 不條理演劇』이라는 기념비적 저서를 쓴 부조리 연극의 세계 최고의 권위자였다.

에슬린은 첫날 공연을 문예회관에서 보게 되었다. 같이 참석한 사람은 여석기, 이태주, 오증자 그리고 임영웅이었다. 임영웅은 에슬린의 관람 후 반응을 상상했다. 만일 관람 후에 수

고했다고 말하고 가면 그저 그런 것이고, 무대에 가서 배우들을 만나겠다고 하면 괜찮은 것이라고 짐작했다. 에슬린은 재미있게 연극을 관람했고 배우들을 만나고 싶어했다.

에슬린은 다음 날 3시에 강연회가 있는데, 거기서 자신의 소감을 밝히겠다고 말했다. 강연회에 에슬린은 A4 용지로 6장 분량의 글을 들고 나타났다. 글의 제목은 「Waiting for Godot, West and Korea」였다. 우리나라의 「고도를 기다리며」와 자신들의 「고도를 기다리며」를 비교한 것이었다.

에슬린은 산울림의 무대가 "부드러움과 무용적인 움직임, 그리고 고도로 양식화된 동작으로 베케트가 갖가지 상징을 얼마나 효과적으로 이용했는가를 깨닫게 해주었다"고 극찬했다. 임영웅은 세계적인 전문가의 고평에 고무되었다.

다음해 여름 파리에서 「조선일보」 특파원 윤호미를 만나 한 가지 권유를 받게 된다. 우리나라의 「고도를 기다리며」도 아비뇽 연극제에 참가할 때가 되었다는 귀띔이었다. 1989년 7월 24일부터 8월 4일까지 프랑스 아비뇽 아르모니 소극장에서 임영웅이 연출한 「고도를 기다리며」는 공연되었다. 우리나라 극단으로서는 최초였다.

더블린 연극제에 참가한 「고도를 기다리며」는 90년 10월 1일부터 3일까지 더블린 프로젝트 아트센터에서 공연되었다. 현지 반응은 대단한 호평이었다. 마틴 에슬린이 극찬했던 것처럼, 베케트의 본고장에서도 한국의 「고도를 기다리며」에 열광했다.

객석의 반응에 반신반의하던 임영웅 일행은 다음날 더블린의 일간지에 난 자신들의 사진과 극찬에 놀랐다. 「The Irish Times」는 정동환(블라디미르 역)과 송영창(에스트라공 역)의 사진을 전면에 실었다. 「Irish Press」는 타이틀 기사로 "Korean Godot Worth the Wait(한국의 고도는 기다릴 만한 가치가 있었다)"를 내보냈다.

"얼굴과 신체적인 움직임을 통해, 에스트라공과 블라디미르의 성격은 아일랜드 무대에서 가장 친밀감 있고 희극적인 해석 가운데 하나로 두드러져 보였"고 "영원히 기다리는 게임을 하는 두 배우들을 지켜보는 즐거움 때문에 이 작품은 볼만한 가치가 있다"는 긍정적인 평가였다.[26]

「Irish Press」와 비슷한 평가는 아일랜드 신문 곳곳에서 발견되었다. 가령 「The Irish Times」에서는 "임영웅의 연출은 음울하면서도 동시에 익살스럽다. 「고도를 기다리며」는 동요하는 고통스러운 과정으로 상연되었다. 희망의 상승과 하락은 세부적인 것(Detail)과 깊은 비감(sense of sadness)에 대한 섬세한 관심으로 그려진다"고 평가했고, 「Irish Independent」의 데스먼드 러쉬(Desmond Rushe)는 "지금껏 봐왔던 다른 모든 것들과 상당히 다른 「고도를 기다리며」의 연출이다. 이것은 여러 세부적인 것들에 있어 다르지만 우아하게 현대적이며 미묘하게 동양적인 접근 방법으로 인해 충격적으로 다르다"라고 기술했다.

더블린 연극제 참가 이후 「고도를 기다리며」는 90년대에

네 번 재공연되었다. 먼저, 94년에 폴란드 비브제제 극장에서 6월 17일부터 20일까지 초청공연되었고, 한국에 돌아와서 9월 2일부터 12월 18일까지 산울림에서 공연되었다. 1996년에는 산울림소극장에서 송영창, 안석환, 김명국, 한명구, 이정의 연기로 되살아났다. 97년에는 세계 연극제 공식 초청공연작으로 선정되어 재공연되었다. 99년 10월 12일부터 17일까지는 23회 서울연극제 특별초청작품으로 선정되어 재공연되었고 이어 11월부터 도쿄 초청공연에 돌입했다. 99년 공연은 안석환(에스트라공), 한명구(블라디미르), 김명국(포조), 정재진(럭키), 류지호(소년)로 구성되었다. 임영웅은 이들의 앙상블이 역대 최고라고 평했다.

도쿄 공연에 대한 반응은 마이니치신문의 1면 칼럼에 실린 평으로 요약된다.

베케트의 연극은 도쿄에서도 외국에서도 몇 번이나 보았지만 이만큼 재미있는 무대는 처음이다. 어디에도 바람이 들어갈 여지가 없을 만큼 빈틈이 없다. 배우들은 한국어로 대사를 했다. 한국어의 울림이 이처럼 부드럽고 아름다운 줄은 미처 몰랐다. 고도는 신이라는 해석이 있지만 확실한 것은 아니다. 고도를 되풀이해서 공연하는 한국인에게 고도는 무엇일까. 한국사람들이 뭔가를 희구하는 것만은 알 수 있다.

아사히신문 역시 "기묘하고 아름답게 현대인의 본질 그려"라는 제명으로 "창단 30년을 맞은 산울림은 그 동안 서울에서 11회에 걸쳐 이 작품을 공연함으로써 '아시아 최고의 고도'로 평가받고 있다"는 기사를 내보냈다. 저명한 연극 평론가 센다 아키히코는 "런던에서도 보고 일본 것도 보았지만 최고이다. 일본의 「고도를 기다리며」는 대게 원작을 변형하는 데 반해, 산울림의 「고도를 기다리며」는 원작에 충실하다. 그런데도 일본판보다 웃음의 정서를 잘 살리고 있다"고 평가했다.

이러한 평가와 성공은 임영웅이 30여 년 동안 한 작품에 집착하고 연구한 결과이다. 그는 초연 때의 「고도를 기다리며」를 '듀엣'에 비유했다. 에스트라공과 블라디미르 위주였기 때문이다. 85년 산울림소극장이 개관할 때는 '4중주'처럼 느껴진다고 다시 비유를 고쳤다. 두 사람 이외에도 포조와 럭키를 포함했기 때문이다. 그 이후에는 '실내악'에 구속될 필요가 없다고 생각하게 되었다. '오케스트라'처럼 다양한 여러 가지 고도가 내포될 수 있다고 믿게 되었기 때문이다.

그리고 그 오케스트라는 점차 '서양음악'적 특색만이 아닌, '동양음악'적 색깔도 가미하게 된다. 이렇게 확장된 상상력이 작품의 의미를 풍성하게 만들었다. 「고도를 기다리며」는 여러 번 반복해도 의미적 층위가 닳지 않는 작품이었다. 그래서 임영웅은 "공연 할 때마다 신선함이 있고 깨달음이 더 했다"고 말한다. 이것이 임영웅이 계속해서 「고도를 기다리며」에 매달리게 된 이유이다.

사실 임영웅은 원작에 충실하되 나름대로의 관점에 따라 조금씩 변화된 「고도를 기다리며」를 내놓았다. 그 변화는 유일한 장치인 나무와 소년의 복장, 무대 크기의 변화에서 감지된다. 나무는 처음에는 서양 나무의 형태를 하고 있었다. 앙상하고 황량하게 서 있던 나무는 이국의 풍경을 자아냈다. 그러다가 점차 구부러진 소나무 모양으로 변했다. 소년의 복장도 한복으로 변화했다. 임영웅은 소년을 천사로 간주했다.

그러므로 흰옷을 입는 것은 어쩌면 당연한 것이고, 이왕이면 한민족의 복장을 입히는 것도 괜찮겠다고 판단했다. 본래 「고도를 기다리며」의 등장 인물은 국적이 다른 이름을 가지고 있다. 장소 역시 구체적인 지명을 가리키고 있지 않다. 시간의 흐름이나 고도의 정체도 명확하지 않다. 그러니 한국 사람으로 표현하지 못할 이유가 없다는 것이다. 무대의 변화는 공연 여건의 변화와 관련 있지만, 대극장 무대를 선호하는 경향을 보였다. 초연이나 산울림에서의 공연은 소극장 연극을 지향했지만, 상황에 따라 넓은 무대도 마다하지 않았다.

임영웅의 「고도를 기다리며」는 보이지 않는 경험과 지식이 축적되고, 세계적인 연극의 중심지에서 타자의 눈을 의식하고 그들의 칭찬과 반응을 주시하면서 나름대로 진화되었다. 그리고 그 기저에는 오증자의 번역이 단단히 한 몫 했다. 오증자의 번역 과정은 「고도를 기다리며」의 한국말 텍스트를 얻기 위한 '말들의 정제 과정'에 비유될 수 있다. 오증자는 숱한 공연을 객석에서 지켜보면서 실패와 성공의 요인을 찾았고, 깊은 고뇌 끝에 하나의 단어와 문장을 얻어갔다. 사금을 채로 건지듯, 언어를 건져올린 셈이다.

임영웅은 연출 작업을 '숨은 그림 찾기'에 즐겨 비유한다. 텍스트에 숨겨진 그림을 찾아, 형상화하는 작업이 '연출'이라는 것이다. 「고도를 기다리며」는 '희극적인 그림'을 숨긴 작품이다. 블라디미르는 '아장아장' 걸어나오고, 에스트라공은 구두를 벗지 못해 쩔쩔 맨다. 임영웅은 둘의 행동이 '의도적인 연기'라고 판단한다. 나이 많은 어른이 '아장아장' 걷는 것은 의도적일 수밖에 없으며 몇 번에 걸쳐 힘을 주어도 벗겨지지 않는 구두는 있을 수 없다고, 해석하기 때문이다.

그들은 무료한 시간을 견디기 위해서 일부러 상식 밖의 행동을 벌이고 있다. 이것은 「고도를 기다리며」 전편의 이야기가 이들의 놀이(연기)임을 보여주기 위한 사전 설정에 해당한다. 작품은 처음부터 천진난만한 놀이에 몰두하는 이들을 그려내야 한다고, 숨은 지시를 내리고 있는 셈이다. 이 지시에 수긍할 경우 「고도를 기다리며」는 유쾌한 사건으로 가득찬 작품이 된다.

연극의 바깥, 세상의 안쪽 : 오태석

세상을 보는 눈, 역사를 헤집는 손

오태석의 연극은 철저히 현실 참여적이다. 그의 극작 계기를 보면, 현실의 상황을 지켜 보다가 더 이상 지켜 볼 수 없다고 느끼는 순간 이루어지는 경우가 많다. 가령 「심청이는 왜 두 번 인당수에 몸을 던졌는가」는 90년대 초반 우리 사회에서 일어난 황당한 사건에서 연유한다. 공중 전화를 오래 쓴다고 젊은 청년이 아이를 업은 주부를 죽인 사건이 벌어졌다.

칼에 찔린 주부는 병원으로 이송되었으나 곧 죽고 말았다. 사건은 언론을 통해 세상에 알려졌고, 오태석은 통분을 금치 못하며 연극으로 재구성해서 세상의 타락상을 비판하려 했다.

「심청이는……」에서 용왕이 신문을 보면서 타락한 세상에 대해 개탄을 금치 못하는데, 이 모습이 오태석의 심정을 담고 있다. 타락한 세상에 대한 개탄과 잘못에 대한 개안은, 오태석이 희곡을 쓰고 연극을 하는 이유이다.

2004년 1월에 재공연된 「심청이는……」에서는 세상으로 여행하는 계기가 바뀌어 있다. 용왕은 신문을 통해 역시 하나의 사건을 접한다. 자식 둘을 한강에 던져버린 비정한 아버지에 대한 기사. 그 아버지는 미리 약을 먹여 반항조차 할 수 없게 된 자식들을 차에 태우고 가다가 다리 중간쯤에서 난간 아래로 던져버렸다. 천인공노할 만행이라고 생각되는 행동이 아닐 수 없다.

오태석은 「심청이는……」를 "만들고 싶지 않은 연극"이라고 말한다. 그 말은 이 연극의 존재 이유가 사회적 타락상과 관련이 많기 때문이다. 오태석은 사회가 타락하고 인간의 심성이 오염되는 상황을 연극이 지켜보기만 해서는 안 된다고 말한다. 연극을 보고 사회를 읽고, 사회를 비판하고 개선할 수 있어야 한다고 믿는다.

그래서 그는 심청이를 다시 인당수에 투신시킨다. 고전 소설의 심청이가 아버지의 개안을 위해서 물에 뛰어들었다면, 현대의 심청이는 동시대인들의 각성을 위해서(두 번째 개안) 바다에 뛰어든다. 바다에 뛰어든 심청이의 심정이 오태석에게 연극이 필요한 이유이다. 오태석은 잘못되어 가는 사회에 쓴 소리를 담기 위해서 작품을 만들고 있는 셈이다.

오태석의 쓴소리는 비단 현실과 현재의 문제에만 국한된 것은 아니다. 오태석에게 현실과 현재의 문제는, 역사와 과거의 문제와 밀접하게 관련되어 있다. 이 점은 다른 작품을 들어 살펴보겠다. 2002년에 만들어져 주목을 받았고, 다시 2003년에 어린이용 가족 뮤지컬로 만들어진 작품「내사랑 DMZ」이다. 이 작품은 두 가지 측면에서 중요하다.

하나는 오태석이 오랫동안 생성시켜 온 한국적 생태희곡의 가능성을 잇고, 다른 의미에서는 자신의 다른 관심사인 역사의 문제와 연결시킨 작품이라는 점이다.「초분」에서 시작하여「아침 한때 눈이나 비」「비닐하우스」등으로 이어져 오던 생태와 환경 문제에 대한 관심사는 2000년대에 접어들면서 더욱 활발해졌는데, 그 결절점에 해당하는 작품이「내사랑 DMZ」이다. 오태석은 DMZ 안의 동물들을 의인화하여, 생태 위기와 환경 오염의 문제를 보여주고 있다.

개발의 붐을 타고 파괴될 위험에 노출된 DMZ. 인간들은 남북 화해 분위기를 틈타 끊어진 철도를 잇는다는 환희에 들떠 있지만, 철도 개통이 가져올 피해는 간과된 채 그 부담은 고스란히 동물들에게 전가된 상태이다. 동물들은 죽은 병사들의 영혼을 살려내어 이에 저항하고 철도를 지하로 뚫는 것에 대한 합의를 이끌어낸다. 여기까지는 환경과 생태에 대한 관심사에 해당한다.

그러나 작품의 전개상 이 분량은 절반에 불과하다. 그러면 나머지 절반은 무엇인가. 그 다음은 죽은 병사들이 가지고 있는 전쟁의 기억과 아픔이다. 다시 땅속에 묻히기 전에 산 너머 어머니를 뵙고 오고 싶다는 한 병사의 절규는 관객의 눈시울을 적신다.

우리는 50년 분단의 피해를 그들의 모습과 내면을 통해 구경한다. 아니 오태석은 죽은 병사들의 슬픈 모습을 통해 분단 50년의 아픔을 그려내고자 한다. 오태석에게는 전쟁과 그 이후의 참혹상이 아직 끝나지 않은 현실이기 때문이다. 그에게 전쟁은 아직도 진행 중인 현실의 사건이다.

오태석의 작품 중에는 전쟁의 문제를 본격적으로 다룬 것들이 있다. 표현의 방식은 항상 시간의 역전을 통해 사건의 본질을 파헤치면서 과거의 아픔이 드러나도록 구성되어 있다. 「자전거」는 문둥이 가족의 아픈 사연과 집단 참화의 한스러운 과거가 겹쳐있고, 문둥이 집 방화 사건과 등기소 방화 사건이 시간을 넘어 결합되어 있다. 문둥이 가족의 천형과 헤어짐 그리고 딸의 방화와 어미의 희생을 이해하면, 그와 유사한 구조로 배열된 전쟁의 잔해를 읽을 수 있다.

「산수유」와 「운상각」도 작품이 진행되면서 과거의 아픔이 드러나는 구조로 되어 있다. 근친 살해의 과거사와 가족들의 아픔을 그린 작품이 「산수유」라면, 남편을 잃고 자식들에게 의지하던 한 노파의 우스꽝스러운 해프닝이 실은 비운의 가족사임을 알게 해주는 작품이 「운상각」이다.

전쟁을 현실의 문제로 읽은 대표적 사례는 「코소보 그리고 유랑」이다. 이 작품은 유고슬라비아 내전의 참상을 보는 오태석이 어느새 한국전쟁의 언저리를 더듬고 있음을 알려준다. 오태석에게 유고내전은 먼 나라의 이야기가 아니라 우리의 이야기이며, 현재의 이야기인 동시에 과거의 이야기이다.

6·25전쟁 같은 가까운 역사도 그러하지만 '백제 멸망'이나 '대한 제국의 멸망' 같은 비교적 먼 역사적 사실도 오태석에게는 먼 사건이 아니다. 오태석은 과거 우리 역사의 한 대목이 현재의 문제적 지점임을 설파한다. 「백마강 달밤에」에서 보여주는 오랜 불화의 진앙지로서의 역사, 「도라지」에서 보여주는 안타까운 실책으로서의 역사는 현재를 만든 장본인인 셈이다. 「천년의 수인」 같은 작품을 보면 윤봉길 의사, 김구 암살범, 광주 진압군을 한 자리에 모아 역사와 현재, 과거와 현실의 문제를 중첩시키려 하고 있다.

오태석의 연극적 거점은 분명 현재이지만, 그 현재와 이어진 과거가 언제나 작품 안쪽에 위치하고 있다. 그런 의미에서 그에게 역사와 과거는 분리된 것이 아니다. 마치 연극이 삶과 분리된 것이 아니듯이, 지난 것, 아픈 것, 수치스러운 것, 한스러운 것은 그의 연극과 그의 삶에 관련이 깊다.

그의 연출 메소드도 이러한 연극관에서 잉태된다. 「코소보 그리고 유랑」의 배경이 유고 내전의 상황인지 한국의 50년 전 상황인지 쉽게 분별하지 못하도록 만든다거나, 「자전거」의 아홉 번째 장면(끝에서 두 번째 장면)에서 예산당숙과 거위집 처녀가 동시에 겹쳐지고 불이 이는 장면을 상상한다던가, 예술의 전당 토월 극장 같이 깊고 높은 무대를 다 채울 만큼 거대한 저승을 만들어 등장인물들로 하여금 여행하게 한다던가, 소품 상자로 가득한 무대 위에 속옷만 입은 여자(매춘부)를 잔뜩 늘어놓는다던가 하는 파격적인 연출 방식은 시각적 자극이 가져올 호기심이지만, 그 이면에는 연극을 통해 현실 밑바닥을 뚫고 역사의 지층 아래 숨겨진 문제의 진앙을 제대로 인지하려는 어떤 종용이기도 하다.

거친 막사발의 투박한 질감

오태석의 연극은 투박하다. 나는 그의 연극에 질그릇의 거침을 이야기하곤 한다. 그것은 그의 연극 정신과 관련이 깊다. 오태석은 60년대 데뷔 당시에도 단아한 형식과 정제된 무대를 거부하는 연출가였다. 그의 작품에는 항상 '알쏭달쏭'이라는 수식어가 붙어 다녔고, 그런 그를 '괴짜'로 보는 시선이 지금까지 이어지고 있다.

국립극단에서 「물보라」를 연출할 때의 일화이다. 당시 무대는 수많은 볼거리로 가득했다. 몇 트럭 분의 모래가 바닥에 깔리고 배우들은 그 위에서 찐 떡을 먹고 국밥을 먹기도 했다. 한 배우의 회고를 빌리면, 자신은 어떤 역을 했는지도 몰랐다고 말한다. 인물이 등장하면 국밥을 떠주고 사람들이 들어올 때마다 대거리를 하면 되었는데, 그러다 보니 마지막에 고풀이하는 장소 앞에서 서게 되었다고 한다. 그리고 끝이다.

그러나 평은 좋았다. 곁에서 연극을 지켜 본 이들까지 무엇을 말하는지는 모르겠지만, 엄청난 볼거리와 사실성으로 눈을 뗄 수 없었다는 속내를 드러냈다. 그는 정제된 형식으로 이야기를 푸는 것을 좋아하지 않는다. 필자와의 인터뷰에서 그 이유를 현실의 복잡한 문제를 응접실에 앉아서 풀어나갈 수 없기 때문이라고 했다.

한때 우리 연극에 '응접실 연극'이 횡행하던 시대가 있었다. 사실 네 벽의 공간감을 뚫고 그 안에서 살아가는 사람들의 이야기를 엿보는 연극의 형식이 사실주의이고 이것은 입센이나 체홉에 의해 최상급의 작품으로 창작된 바 있다. 사실주의를 연극의 최종 단계로 여겼던 사람들이 제법 많았다.

그러나 한국에서 사실주의는 제대로 수용되지 못했다. 사실주의는 일제 35년을 거치면서 일본 연극의 잔재에서 출발한 신파극(혹은 대중극)을 제압하기 위한 인텔리 계층의 지성적 노출로서 각광받았다고 보아야 한다. 유치진, 이해랑 등의 연출가는 평생 대중극에 맞서는 신극으로서의 사실주의에 집착했다.

이러한 흐름은 그들의 가르침과 영향력을 타고 한국 연극계를 잠식했고 적어도 60년대까지는 이들의 강력한 영향권 아래 있었다. 60년대를 통과하면서 이러한 철옹성에 도전하는 일군의 작가들이 등장했고 오태석은 그 기수에 서서 가장 오랫동안 그 길을 걸어왔다.

그가 사실주의에 대한 도전과 새로운 양식에 대한 실험으로 일관한 40년은 곧 한국 연극사가 근대의 그늘로부터 벗어나는 시기이다. 그런 그에게 리얼리즘이 갖는 시공간의 제약과 이야기의 선형성이 만족스러울 수 없었다.

오태석은 현실의 구석구석을 비출 수 있는 다양한 시각이 필요했고, 이러한 시각에 의해 잦은 시공간의 변화와 복잡한 사건 전개가 발생했다. 그의 연극은 복잡해졌고, 단아한 형식미를 거부하기 시작했다.

오태석은 연습 과정에서 다양한 시도를 하면서 여러 가지 가능성을 실험하고, 심지어는 자신이 과거에 고수했던 방식에도 도전함으로써 늘 새로운 것을 찾아 헤맨다. 그것은 그의 연극을 정돈되지 않은 것으로 보이게 만든다. 이것은 부인할 수 없는 사실이다.

오태석은 정해진 동선과 약속된 앙상블 그리고 전체 배우들의 협심협력을 추구하여 완성되고 결정된 연극을 선보이는 것이 아니라, 끊임없이 고치고 바꾸는 연출 메소드를 통해 변화되는 연극을 추구한다. 이로 인해 그의 연극에는 투박한 질감이 두드러진다.

오태석의 연극이 투박하다는 것은 자연스러운 연기를 서구식 연기 패턴에서 찾고 있지 않기 때문이다. 그는 거친 목소리와 맨발 그리고 앞을 향한 시선 처리로 익숙하지 않은 연극을 만들고 있다. 양복을 입었으나 맨발인 배우, 사랑의 밀어조차 관객을 보고 말하는 연인, 목을 긁으면서 나오는 평범한 목소리 등은 오태석과 극단 '목화' 배우의 트레이드마크가 되었다.

이야기를 꾸밀 때도 정형성에서 벗어나려고 하고 연극적

상식을 뛰어넘으려고 하면서 어떤 의미에서는 실패 확률을 늘려가는 장면의 확장. 그리고 이로 인해 파생되는 불안전성과 숙달됨을 거부하는 연기에서 나오는 거침이 어우러진 투박함. 오태석의 연극은 이러한 투박함을 보여주는 거친 막사발과 같은 느낌이다.

"나는 아마추어이고 내 작품은 습작이다"

이윤택은 오태석을 영원한 '아방가르드'에, 자신을 '대중극 연출가'에 비유한 적이 있다. 이러한 비유는 적절하다. 오태석 또한 스스로를 가리켜 '아마추어'라고 하고, 새로운 공연을 올릴 때마다 '습작'을 하고 있다고 말하곤 한다. 이것은 단순한 겸손이 아니다. 오태석은 자신이 임하는 연극적 자세를 습작과 아마추어에서 찾고 있는 셈이다.

오태석은 사람들의 말에 쉽게 흔들리지는 않지만, 그렇다고 필요한 말을 듣지 않는 것은 아니다. 어떨 때 보면 적극적으로 자신의 작품에 대해 품평해 달라고 청할 때도 있다. 그것은 자신의 작품이 완전하지 않음을 늘 불만스럽게 생각하기 때문이다. 별 것 아닌 작품에도 호들갑스럽게 자신을 높이느냐고 여념이 없는 극작가나 연출가와 비교해본다면, 그의 태도는 사실 낯선 것이다.

그러다 보니 오태석은 자연스럽게 한 가지 면죄부를 갖게 된다. 그것은 항상 작품을 매만질 수 있고, 재공연 작품일지라도 다르게 연출할 수 있다는 점이다. 브래머 페스티벌에「로미오와 줄리엣」을 출품할 때에 관한 재미있는 일화가 있다. 초청 5년 전에 오태석의 작품을 본 관계자는 당시 기억을 바탕으로 동일 작품을 초청한다.

그러나 5년 후에 다시 만나 본「로미오와 줄리엣」은 셰익스피어와 다를 뿐 아니라, 5년 전 그의 작품과도 달랐다. 세간의 흥미를 끈 것은 브래머 페스티벌에 참여하는 동안에도 매일매일의 공연이 달랐다는 점이다. 임영웅의 경우는「고도를 기다리며」의 연출 노트가 있어 설령 자신이 직접 연출에 임하지 못한다 하더라도,「고도를 기다리며」를 연출할 수 있다고 말한다. 그것은 만드는 방식과 정해진 규칙이 있다는 이야기인데, 오태석은 그런 면에서 보면 연기의 정전과 교본을 거부하는 연출가인 셈이다.

그렇다면 왜 그런가. 가끔 연습장에서 배우들은 연출가인 오태석에게 항의를 한다. 어제 연출가가 한 주문을 그대로 지키는데, 왜 오늘 다른 지시를 내려 다른 주문을 하느냐고. 오태석은 간단하게 "생기가 없기 때문"이라고 대답한다. 약속된 패턴대로 연기를 한다고 해서 연극의 생기가 사는 것은 아니라고.

자주 바꾸고 끊임없이 고치는 이유도 그 생기를 찾기 위해서는 아닐까. 고치다 보면 어떨 때는 생기를 잃기도 하지만, 또 어떨 때 생기를 얻게 되는지를 알 수 있게 되기 때문이다.

오태석은 예술가적 입장에서 연극을 만든다. 오태석은 연극을 다듬고 고침으로써 승화된 예술의 어떤 경지를 넘어서려는 욕구로 가득하다. 가령 2002년 연말에 발표되어 4개월 가량 공연된 「앞산아 당겨라 오금아 밀어라」를 예로 들 수 있겠다. 그때 오태석은 완전히 무르익지 않은 연극을 무대 위에 올릴 수밖에 없는 상황이었는데, 긴 겨울을 이 작품을 다듬는데 할애했다.

그리고 2004년 가을에 다시 이 작품을 재공연했다. 제주도 방언과 4·3사태라는 두 가지 이슈로 인해 제주도와 밀접한 관련이 있는 이 작품은, 제주도에서 공연하고 서울(아룽구지)에서 공연하는 형태로 2개월을 더 무대에 올렸다. 오태석은 이 기간 동안 애초의 설정을 대거 변화시키는데, 모자람과 불만 투성이인 작품을 고치지 않을 수 없다고 느꼈기 때문이다.

그가 스스로를 영원한 아마추어라고 느끼는 이상, 그의 작품은 영원히 미완성품일지 모른다. 중요한 것은 본인이 그렇게 느끼고 모자람과 불만을 어떻게든 해소하려고 한다는 점이다. 그 의지가 그의 연극과 연극관을 만들고 있다.

배우가 돋보이는 연극

극단 '목화'는 오태석의 극단이다. 연극계에서는 흔히 '오사단'이라고 하는데, 이 '오사단'을 현 연극계의 내로라하는 인물들이 거쳐갔거나 거쳐가고 있다. 조상건, 정원중, 정진각, 한명구, 김학철 등의 중진급 배우 뿐만 아니라, 최근 영화와 텔레비전에서 각광받는 젊은 배우들도 상당하다. 이것은 오태석이 신인배우를 키우는 능력이 뛰어남을 반증한다.

오태석은 자신의 배우들이 영화에 강한 이유를 시선 처리에서 찾는다. 목화의 배우들은 관객들과의 시선 싸움에서 우위를 지키는 배우들이다. 아룽구지라는 극장은 관객과의 거리가 상당히 가깝고, 목화 배우들은 정면 응시법에 적응해야 한다. 「로미오와 줄리엣」(오태석 재구성본, 2001)에서 사랑을 속삭이는 로미오와 줄리엣은 상대를 보지 않고, 관객을 보고 있었다. 이로 인해 잠시 어리둥절해 하는 관객들도 있다. 「내사랑 DMZ」에서는 오랜만에 만나는 동물들이 관객(그것도 객석 2층)을 보고 인사를 하는 바람에, 관객들이 뒤를 돌아보는 상황이 연출된 적도 있었다.

이처럼 목화 배우들은 연극 공연 중에 자석처럼 관객석으로 시선을 고정시키는 연습이 되어 있다. 웬만하면 등을 보이고 연기하지 않으며 시선이 정면으로 향하는 경우가 많다. 그러다 보니 카메라의 눈을 의식하는 두려움이 덜 하다.

또 오태석은 한국말 어투의 자연스러움을 강조한다. 그가 번역극을 체질적으로 싫어하는 이유는 한국어의 자연스러운 발화를 이끌어 낼 수 없다고 생각하기 때문이다. 번역극은 해당 국가의 정서를 담기 마련이다. 그 정서는 무대 위에서 언어로 묻어나오는데, 웬만큼 공을 들이지 않으면 그 말의 비틀림을 우리말로 변화시킬 수 없다고 생각한다.

최근 오태석은 우리말의 소중함을 인식시키고 사라지는 말을 보존하기 위한 일련의 움직임을 벌이고 있다. 그것은 오태석이 벌이는 독자적인 '방언 연극제'이다. 그는 평소부터 8도의 말과 연변, 오사카의 말을 모아 한국말 페스티벌을 벌여야 한다고 주장해왔다. 그러한 주장이 대외적인 공감대를 형성하지 못하자, 홀로 그러한 운동을 실천하고 있다.

2002년 여름에 자신이 강의하는 서울예대 학생들로 하여금 「자전거」를 제주도 방언으로 공연하게 하였다. 출연자가 학생이고 「자전거」 자체가 심오한 측면이 있는데다, 말까지 외국어에 가깝게 되어 있으니 크게 주목을 받지는 못했지만, 참신한 공연으로 기억되었다. 이 과정에서 문제점을 발견한 그는 그해 말 「앞산아 당겨라 오금아 밀어라」를 창작하면서, 공연은 제주도 방언으로 하는 획기적인 실험을 한다. 처음에는 말의 위상과 가치를 제고하려는 노력으로 인해 크게 주목을 받았지만, 말이 통하지 않는 불편은 슬그머니 이 연극의 문제점으로 작용하게 되었다. 2003년 재공연에서는 이 점을 보완하기 위해 애쓰는 모습이 역력했다.

2003년에는 제주도 방언과 관련된 공연이 한 번 더 있었다. 이윤택이 연출한 「초혼」(원제 「이어도로 간 비바리」, 장일홍 작)가 그것이다. 이윤택은 말의 보존보다는 소통을 중시여기는 연출가이다. 이 점에서 두 사람은 확연한 차이를 보였다. 사라지는 옛 말을 고집하는 오태석과, 정서적 분위기만 연출하고 소통을 더 강조하는 이윤택. 두 사람은 사제 간이지만 연극계의 라이벌답게 서로 다른 결론에 다다르게 된다.

말의 중요성을 강조하는 입장은 중요하다. 이것은 오태석이 언어에 민감한 연출가임을 뜻한다. 최근 오태석은 이러한 말의 중요성을 계속 강조하기 위해서 자신의 작품을 각 도의 사투리로 공연할 계획을 세우고 있다. 2004년에는 「자전거」를 경상도 방언으로 공연하기도 했다.

사투리에 대한 관심, 나아가서는 우리말에 대한 집착은 배우들에게 한국어로 연극하는 기쁨과 기술을 전수한다. 오태석의 연극적 대사는 비약과 은폐가 심하다. 그의 희곡만을 읽는 경우, 앞뒤의 문맥과 사건 전개를 이해하지 못하겠다고 말하는 경우가 많다. 물론 논리의 혼선이나 방향을 잃은 요설로 인해 그러한 경우도 있고, 역사와 현실에 둔감하기 때문에 그럴수도 있지만, 상당 부분은 말의 묘미와 운영에 대해 무관심하기 때문이다.

희곡에서의 말(언어)은 사건을 이끌고 전달하는 일차적 도구가 아니다. 소설은 '언어'를 통해 문학적 상상력을 불러 일으켜야 하고, 방법 또한 그것밖에 없다(최근 인터넷 소설은 예외지만). 그러나 희곡에서의 언어는 사건을 진행시키고 인물을 소개하는 유일한 도구가 아니다. 언어는 표피적 의미와는 달리, 그 언어가 발화되는 순간 주체의 감정이나 주변의 상황 그리고 사건의 숨겨진 이면과 같은 언어의 명시성 바깥의 문제를 함축하기 마련이다.

오태석의 연극 언어, 특히 그가 믿는 한국어는 그러한 '에둘러가기'에 민감한 언어이다. 그의 언어를 이해하고 실천하기 위해서는 문맥과 문맥의 단절된 부분, 대사와 대사 사이에 끊긴 부분, 대화 도중에 생기는 공백을 읽어야 한다. 그리고 그곳에 고인 발화자와 상대자의 심리를 읽어야 한다. 목화의 배우들은 오태석과의 연극 작업을 통해 그러한 훈련을 받는다. 자연스럽게 작가와 연출가의 의도를 알게 되면서 몸으로 체득한다고 할까.

목화의 배우들이 가진 기량 중에 뛰어난 것이 춤추고 노래하는 능력[樂歌舞]이다. 목화의 단원들은 연극에 삽입되는 춤과 노래를 소화해야 한다. 그러기 위해서는 평소부터 일정한 기량을 몸에 익히고 있어야 한다. 기량의 습득에서 여타의 현대적 극단과는 차별된다. 이것은 고전의 패러디, 혹은 전통의 현대화라는 오태석의 연극적 목표와 상생을 이루면서, 전통 연희적 요소의 습득으로까지 이어진다.

당당한 시선 처리와, 한국어의 정확한 사용, 그리고 춤과 노래에 대한 기량은 목화의 배우들을 다른 극단이 변별짓는 이유가 된다. 그리고 목화의 연극을 배우의 예술로서 바라볼 수 있게 만드는 중요한 동력이 된다. 오태석은 아룽구지라는 소극장과 목화라는 이름으로 이러한 토대를 제공하고 그 안에서 배우들을 훈련시키면서 실험하고 있는 셈이다. 이윤택도 오태석의 연극(극단)을 보고 무척 탐낸 배우들이 있었다고 토로한 적이 있다. 그것은 오태석이 배우의, 배우에 의한, 배우를 위한 연극에 앞장섰다는 증거이다.

전통의 '현대화' 아니 '우리화'

오태석의 연극은 우리 것에 대한 관심으로 정리될 수도 있다. 말에 대한 애착은 이미 말했으니 전승 연희적 요소를 중심으로 그러한 특징 등을 살려나가는 과정을 이야기해 보겠다. 오태석이 우리 것에 대해 관심을 본격적으로 드러내는 계기는 1971년 카페 떼아뜨르에서 초연된 「이식수술」이다(이 작품 이전에도 개인적인 관심은 있었지만, 명백한 증거로 제출된 것은 이 작품부터이다). 오태석은 이 작품을 통해, 그 이후 자신의 연극세계에서 중요한 영역으로 자리 잡게 되는 전통과 만나게 된다.

「이식수술」은 유언장사를 하는 숙질의 해프닝을 그리고 있다. '조카'라는 인물은 어려서 부모를 잃은 고아이다. 그는 부모의 한 마디 말도 듣지 못하고 자란 것이 한이 되어 남의 유언일망정 귀한 것이 있으면 유훈으로 알고 대대로 물려주겠다는 생각에 유언을 수집하는 일에 착수한다. 그때 조수로 온 인물이 「꼭두각시놀음」에 등장하는 홍동지이다. 홍동지는 벌거벗은 몸에 성기를 드러낸 흉물로, '조카'의 삼촌뻘이다.

홍동지 역시 남의 유언을 훔쳐 모으는(훔치는) 별난 취미를 가지고 있다. 홍동지는 다 죽어 가는 모습으로 등장해서 유언을 핑계로 조카와 말장난을 한다. 그 말장난은 후에 오태석 연극의 중요한 특징으로 부상하는데, 그 시초를 이 작품에서 찾을 수 있다. 가령 "구요. 언덕구, 아홉구, 전시구, 집팔구, 뽕따

구, 귀막구, 밥먹구, 팔베구, 달보구"가 그것이다. 아홉 번이라는 뜻을 전달하기 위해서 '—구'로 끝나는 단어를 아홉 번 사용한다. 재담의 한 자락을 보는 느낌이다.

연극적 양식으로서의 꼭두각시놀음과 삽입 대사의 재래성을 이용하는 이 작품은, 우리 연극의 과제를 하나 상기시켰다. 우리 것의 보존과 활용이라는 명제가 그것이다. 훗날 오태석은 미국 유학 생활을 통해 세계적인 연극을 접하게 되지만, 그곳에서 확인한 것도 우리 것(산대놀이)의 중요성과 요긴함이었다고 했다.

이러한 오태석의 결심과 개안은 주변인들에 의해 더욱 촉발되었다. 유치진은 몰리에르 페스티벌에 참여하라고 오태석을 재촉하며, 그것도 단순 번역이 아니라 전통연희적 요소를 삽입하라는 요구를 했다. 그래서 탄생한 작품이 「쇠뚝이 놀이」이다. 연극학자 심우성은 현지 조사와 민속학적 지식을 오태석에게 들려주며 「초분」과 같은 문제작을 만들게 했다.

남도 지방을 답사한 심우성이 독특한 장례 풍속인 '초빈(草殯)'에 대해 오태석에게 알려주었는데, 오태석은 이를 '초분(草墳)'으로 듣고 작품을 창작했다. 그 후 심우성은 오태석의 잘못을 지적하고 싶었는데, 이 작품이 유명해지고 많은 파장을 일으키면서 수정하기에는 때가 늦어지게 되었다고 말한 바 있다.

오태석의 입장을 들어보면, 그는 묘의 이름이 '초빈'이든 '초분'이든 크게 신경쓰지 않는다. 그에게 중요한 것은 시체를 말리고 그 말리는 행위를 통해 연상되는 '해원(解寃)'이다. 오태석은 시체를 말린다는 표현 속에 전쟁의 상처를 치유하려는 노력을 담아내려고 했다.

그 이후 오태석은 굿과 판소리, 무가와 설화를 탐닉한다. 이를 담아낸 대표적인 작품으로「백마강 달밤에」와「물보라」를 들 수 있다. 두 작품은 굿의 원리와 형식을 작품 속에 대입하고 있고, 실제 굿 장면도 상당한 비중으로 다루고 있다.

「백마강 달밤에」는 은산별신굿을 차용한 연극이다. 이 연극은 성충, 계백, 의자왕을 만나기 위해 저승을 넘나드는 구조로 짜여지는데, 은산별신굿이 그 통로 역할을 한다. 자연히 현실(선암리)과 저승(세 명의 거처)의 공간이 교차된다. 그리고 현실의 정적인 분위기와 저승의 대형 스펙터클이 대비된다. 순단 일행은 끔찍한 저승의 모습과 괴물과의 사투(계백) 그리고 웅장한 세트(의자왕)를 목격하게 된다.

오태석은 예술의 전당 토월극장을 활용하기 위해서 대규모 장면이 가능한 작품을 창작했고, 기발한 생각들을 실현시켰다. 심지어는 무대 위의 공간까지 사용하였기에 2층에서 연극을 관람하는 사람들은 무대 위쪽 공간을 보지 못하는 경우까지 생겼다.

대형 무대는 대형 연출가를 요구한다. 국립극장 대극장(해오름극장)이나 토월극장처럼 넓은 공간을 자랑하는 극장들은 그에 걸맞는 연출 방식을 필요로 하는데, 오태석은「백마강 달밤에」를 통해 그러한 필요를 수용할 수 있는 연출 실력을 보여준 셈이다.

이러한 연출 방향을 위해 오태석은 굿의 현대적 공간화를 시도했다. 무대 위에서 굿에 의해 저승과의 교류가 가능하고, 그 교류의 와중에 저승의 실체를 목격하는 장면이 가능해진다. 웅장한 스케일로 상상력의 원대한 펼침을 가능하게 했던 작품이다.

이밖에 무가와 판소리와 탈춤과 인형극에 대한 관심은 여러 작품에서 나타난다. 가령 탈춤의 소재적 차용이 돋보인 작품으로 「백구야 껑충 나지 마라」가 있고, 겉으로는 탈춤과 관련이 없어 보이지만 자유로운 공간적 이동을 차용한 「자전거」, 판소리 『춘향가』의 이본 중 하나인 『남원고사춘향전』을 원본으로 하여 창작된 「기생비생춘향전」 같은 작품들은 판소리의 현대화에 해당하는 작품이다.

인형극은 「이식수술」이 대표적이다. 인형극에서 조종사들이 숨는 무대 밑의 공간을 활용한 연출 방식도 이야기할 필요가 있다. 최근 오태석의 소극장 연극을 보면 무대에 천이 가로로 세워지고 그 안에서 배우들이 숨고 그 위로 드러나면서 연기하는 방법들이 많이 보인다. 이러한 연기 방식은 인형 조종사와 인형의 출몰을 연극적으로 차용한 방식이다.

최근 「앞산아 당겨라 오금아 밀어라」와 같은 작품을 보면 제주도 방언뿐만 아니라 민요와 토속 물품(디딤불미) 등을 이용해서 지방색이 무대에서 드러나도록 애쓰고 있다. 이러한 성향은 그의 연출 방향이 다양성을 존중하면서 동시에 우리 것의 소중함과 가치를 부각시키고 있음을 의미한다. 우리 것에 대한 부각은 외국 작품을 공연할 때도 나타난다. 그는 번역 극이 흔히 갖는 죽은 관행(노란 머리, 서구 의상, 과장된 말투, 외국 이름)에 대해 찬동하지 않는다.

피터 브룩(Peter Brook)은 죽은 연출가를 일컬어, "연극의 각 분야에 내재되어 있게 마련인 조건 반사적인 관행들에 대해 도전하지 않는 연출가"라고 말했다. 서구의 리얼리즘 극을 근대극의 모태로 삼은 한국 연극은, 현실의 모사에 연극의 중요한 목적을 두었다. 이러한 모사는 서구 리얼리즘과 그 이후에 나타난 각종 양식에 대한 자연스러운 모방을 불러왔다. 지금까지 서구추수적인 성향을 줄기차게 고수해왔고, 그 결과 서구의 연극적 관습을 답습하기에 급급했다. 피터 브룩의 말로 환원하면, '조건 반사적인 관행'을 신경쓸 틈이 없었고, 일방적으로 따라하기에 급급한 상황이었다. 다만 몇몇 연출가만이 그 예외를 이루는데, 오태석은 예외의 필두에 선 연출가이다.

2001년 무대화된 셰익스피어 극의 목록에서도 이들은 단연 중요한 자리를 차지했다. 이들은 처음부터 셰익스피어 연극의 관습적 재현을 거부했다. 오태석은 골격이 되는 플롯의 얼개만 차용했을 뿐, 「로미오와 줄리엣」의 세부를 대거 헐어내고 자신만의 연극적 기법으로 대체했다. '로미오'와 '줄리엣'을 한국인으로 바꾸고, 두 가문의 이름을 바꾸고, 배경과 무대를 바꾸고, 배우들이 입는 옷과 쓰는 말과 하는 행동을 바꾸고, 작품의 결말을 바꾼다.

결말을 바꾼 것은 획기적인 변화이다. 「로미오와 줄리엣」에서 케플렛 가문과 몬테규 가문이 자식들의 죽음을 기회로 화해한다는 설정은 작위적이다. 화해를 통해 얻어질 수 있는 작품의 효과도 미심쩍다. 오태석은 「로미오와 줄리엣」의 어색한 점과 비효율적인 점을 과감하게 뜯어고쳤다. 결말은 자식들의 죽음으로 상대에 대한 증오가 증폭되어 폭발하고, 두 가문이 대립하다 결국은 멸문한다는 내용으로 변모되었다.

'조건 반사적인 관행'에 대해 회의하고 자신의 거부감을 드러낸 시도는 기억해둘 만하다. 비극적 결말을 위해서, 작품의 세부는 철저하게 파멸을 향해 수렴된다. 대표적인 것이 '신방 장면'이다. 원작과는 달리 로미오와 줄리엣 아니, 문씨가의 까마귀와 구씨가의 딸은 첫날밤의 동침에 실패한다. 그들은 자신들의 운명을 예고하는 듯, 안타까운 이별을 한다.

까마귀의 체념적 태도도 다가올 환란에 대해 암시한다. 두 연인이 결합에 실패하면서, 두 가문의 대립이 여운 없이 첨예화될 수 있는 분위기가 조성되고, 어색한 반전을 염두에 두고 주춤거릴 필요가 없어진다. 이로 인해 셰익스피어와 그의 관객들이 즐겨온 「로미오와 줄리엣」이 아닌, 오태석과 그의 관객들이 새롭게 맞이 할 「로미오와 줄리엣」이 만들어진다.

더구나 이 작품은 매우 흥미로운 특징들로 인해, 더 이상 셰익스피어의 것이라고 말하기 어렵게 된다. '이질적인 것들의 공존'이나 '속도의 가감 현상'이 그것이다. 한국식 토담과 십자가를 앞세운 성당이 공존하고, 전통 춤과 힙합댄스, 한복과 바바리 코트가 나란히 있다. 기껏해야 효수나 오마분시와 같은 형벌이 제격일 듯한 형법에서 총살이 튀어나오는가 하면 귀향이 이야기된다. 만가가 현대식 욕조를 상여로 삼아 나가고 있으며, 토담 옆으로 현대식 자전거가 지나간다. 어울릴 것 같지 않은 물품과 생각과 삶의 방식이 공유된다.

'속도의 가감 현상'은 이러한 공존을 더욱 부추긴다. 등장인물의 대사 중에는 빠른 것과 느린 것이 교차한다. 주문처럼 빨리 읊어지면서 그 뜻을 알아듣기 힘든 대사와 빠른 박자의 노래와 신속한 무대 전환이 있는가 하면, 외나무다리에서 두 가문의 수장이 만나는 장면이나 두 가문의 검무 장면 혹은 결미에서 몰살당하는 장면 등은 매우 느린 속도로 진행된다. 이채로운 점은 빠름과 느림이 교차하면서 반복된다는 점이다. 넓게 말해, 빠른 것과 느린 것의 교차는 옛 것과 새 것, 우리 것과 서양 것, 변화된 것과 전래된 것과 같은 이질적인 공존 안에 포섭될 수 있는 현상이다.

결과적으로 두 연인과 그들의 이야기는 서구 이탈리아 어느 도시의 이야기로만 국한되지 않는다. 그것은 한국 어느 마을의 이야기이기도 하고, 현재 청춘남녀의 이야기이기도 하다. 오태석이 창조한 시공간은, 새롭지만 익숙하고 멀지만 가까운 곳이다. 공과를 떠나서, 이러한 이야기는 오태석의 것이다.

조형된 공간 감각 : 이윤택

서서 하는 '리딩', '말'을 탈출한 연극

이윤택 연출의 연습 광경을 지켜보면 한 가지 특이한 점을 발견할 수 있다. 하나의 연극을 무대에 올리기 위해서는 몇 가지 기본적인 단계를 거치기 마련인데, 이윤택은 그 순서를 어기는 것처럼 보이기 때문이다. 일반적인 연출법에서는 먼저 작품 읽기를 한다. 흔히 '리딩'이라고 하는데, 두 가지 단계가 있다. 감정을 개입시키지 않고 읽는 법과, 감정을 개입시켜 읽는 법.

보통 배역이 정해지지 않고 인물에 대한 성격 분석이 완전히 끝나지 않았을 경우에는 배우들이 감정 없이 대사를 읽는다. 다음, 배역이 정해지고 한 인물에 대한 분석이 진행되면 감정을 넣어 읽는다. 대개 연출가들은 이 단계를 중요하게 여겼다. 백성희의 증언에 따르면 유치진과 이해랑도 이 단계를 중시했다. 연습 시간의 많은 부분을 의자에 앉아 리딩을 하는 데에 할애했다고 한다. 심한 경우에는 전체 연습 시간의 2/3에 육박하는 경우도 있었다고 한다(당시 일반적인 연습일은 40일 정도였다).

이윤택은 이러한 연습 단계에 동조하지 않는다. 그는 배우들이 의자에 앉아 리딩을 하기보다는 무대(연습장)를 거닐면서 대사를 하기를 바란다. 심한 경우에는 프롬프터를 붙여서 배우들이 대본을 놓고 무대에서 연기를 하도록 지시하기도 한다. 이러한 연출법은 리딩에 상당한 시간을 부여하던 종래의 방법을 파격적으로 바꾼 것이다.

그렇다면 그 이유는 무엇일까? 이윤택은 연극이 '말'이 전부가 아니라고 한다. 그 뜻을 가감해서 들어야 하는데, 종래의 리얼리즘 연극(신극 혹은 순극이라고 불리던)이 '대사 전달(말)'을 위주로 하는 연기 패턴을 지향해 왔다는 것을 겨냥하고 있다. 연극을 본다는 것은, 그리고 공연을 연출한다는 것은, 말을 관객에게 전달한다는 것으로 이해되어 왔다. 이 말이 틀린 것은 아니다. 분명 배우와 연출가들은 아무리 낮은 소리라 해도 관객들이 들을 수 있도록, 아무리 난해한 이야기라도 관객들이 명확하게 이해할 수 있도록 작품을 제공해야 한다고 믿었다.

그러나 그 수단이 반드시 '말'이어야 하는가는 고민해야 한다. 여기서 이윤택의 고민과 대안이 나타난다. 이윤택은 말은 커뮤니케이션의 한 수단이며, 그 자체로 목적이 되어서는 안 된다고 믿는다. 말은 등장인물의 감정과 인식을 전달하는 수단이되, 표면적인 의미보다는 이면적인 정서와 느낌 그리고 인식을 끄집어낼 수 있는 표현의 매개로 작용해야 한다고 주장한다.

배우들이 처음 단계인 리딩을 앉아서 차분하게 하는 것이 아니라 무대를 거닐면서 한쪽으로는 대본을 보고 한쪽으로는 연기를 해가면서 불안하게 하는 것은, 말에 연기를 가두지 않겠다는 의지이다. 의자에 앉아서 리딩을 하고 완벽하게 암기한 상태에서 무대에 오르면 표정과 움직임과 신체 연기 그리고 연극적 세부 사항에서 제약을 받게 된다. 이미 머리와 몸에 기억된 대사에 나머지 요소들을 짜맞추게 되고 그렇게 되면 부자연스러운 동작과 어색한 움직임으로 가득한 무대가 만들어지기 때문이다.

이윤택에게 말은 신체나 표정 혹은 공간적 기호와 같이 배우를 관객에게 연결하는 동등한 매개이지, 다른 표현 방식을 제압하고 감독하는 절대적 수단이 아니다. 그런 의미에서 일어서서 걷고 흘낏흘낏 바라보면서 자신의 입과 신체에, 선입견 없이 대사를 맞추려는 그의 의도는 참신해 보인다. 이러한 과정을 통해서 그는 확정되지 않는 동선과 움직임 속에서 배우에게 가장 적합한 연기 방식을 찾아내고 이를 조합하는 방법으로 연습을 이끌어간다.

작품을 고치는 연출가

이윤택은 작가를 겸한 연출가이다. 우리나라에는 이러한 유형의 연출가가 드물지 않다. 유치진이 그러했고 오태석도 그러하다. 이윤택도 문제적인 작품을 쓰고 연출하고 때로는 비평도 하는 전방위적 연극인으로 이름이 높다.

작가들은 보통 자기 작품에 대한 애착이 강하다. 심한 경우에는 자신의 작품을 단 한 줄도 고치지 못하게 하는 경우도 있다. 우리나라에서는 이러한 태도가 작가의 품위와 존엄성을 지키는 행위로 인식될 정도로 완고한 편이다. 이윤택은 스스로 작가가 된 경위를 이러한 풍토에 도저히 수긍할 수 없었기 때문이라고 밝히고 있다.

두 가지 흥미있는 사례가 있다. 첫째는 1994년 예술의 전당에서 '오태석 연극제'를 할 때의 일이다. 오태석의 주요 작품을 국내의 주요 연출가가 한 작품씩 뽑아 연출할 수 있는 기회였다. 이윤택은 오태석의 「비닐하우스」를 선택했다. 그런데 공연 후에 「비닐하우스」에 대한 논란이 일었다. 이윤택이 오태석 작품의 결말을 바꿨다는 것이 그 논란의 이유였다.

이 경우 이윤택의 작품 해석은 불안한 판본 때문인 것으로 생각된다. 이윤택은 오태석이 연출한 「비닐하우스」를 직접 본 경험과 목화 측에서 전달된 대본에 의거했지만, 오태석이 이 작품에서 밝히고자 했던 생각을 명확하게 파악하지 못했고 대본이 최종 대본인가의 여부도 확인하지 못했다. 그러나 이윤택은 자신이 해석하는 관점에서 대본을 파악하고 그 해석에 의거해 명료하지 못한 부분을 명료하게 바꾸어 놓은 것이다.

여기서 이윤택의 특징이 드러난다. 이윤택은 명료한 것을 선호하는 연출가이다. 그에게 애매하고 어려운 것은, 그 연극을 보아야 하는 관객들에게도 도움이 되지 않는다. 그는 스스로 대중극 연출가라고 말할 정도로, 관객이 작품에 편안하게 다가갈 수 있도록 연출하려 한다. 그런 측면에서 「비닐하우스」의 난해하고 모호한 측면은 반드시 해결해야 할 과제가 아니었나 싶다.

비슷하지만 다른 측면을 볼 수 있는 경우는 1998년 역시 예술의 전당에서 있었던 '이강백 연극제' 때였다. 이윤택은 이강백의 신작 희곡 「느낌 극락같은」의 연출을 맡게 되었다. 처음에 그는 이 작품이 자신에게 맞지 않는 연극이라고 판단하고 연출을 고사했다고 한다. 그러나 이윤택의 연출 능력을 인정한 이강백은 이를 끝까지 고집했다. 이윤택은 연출을 맡는 조건으로 작품의 수정을 건의했다.

이윤택은 「느낌 극락같은」이 지닌 작품성을 십분 인정했지만, 그 작품성이 연극의 현장성으로 연결될 것이라고 생각하지는 않았다. 그는 먼저 이해하기 어려운 대사들을 정리했고 관념적인 부분을 추상적으로 바꾸는 데에 주력했다. 불상들을 인간으로 만들어 그 안에 서린 고뇌와 욕망의 그림자를 구체화한 것이라거나, 피아노를 무대 안에 배치해 음악적 기조로 작품을 조율한 것 등은 관념을 오브제로 표현한 대표적인 경우이다.

무엇보다 문학적으로 반복되고 철학적으로 깊이를 지니고는 있지만 구어적인 느낌이 적고 이해가 어려운 문장들을 정리했다. 이윤택의 말로는 원작의 1/3을 줄였다고 한다. 그 만큼 대사가 줄었다면 보통 플롯의 연결이나 장면의 분위기 혹은 배우들의 성격 연기에서 문제가 드러나야 했는데, 초연된 「느낌 극락같은」은 이러한 문제를 떠나 있었다.

이 작품의 첫날 공연이 끝나고 나서 이강백과 이윤택은 설전에 돌입한다. 골자는 이윤택이 작품을 고쳐 원작의 의도를 훼손했다는 입장과 작품의 연극적 형상화를 위한 연출가의 고유 재량이었다는 입장의 충돌로 요약된다. 두 입장 충돌은 이윤택의 연출관을 명확하게 드러낸다. 이윤택은 오태석과 같은 실험적인 연출가가 아니며 임영웅과 같이 원작(자)의 의도를 비교적 존중하는 연출가도 아니다.

이윤택은 독자적인 방식으로 작품을 이해하되, 그 뜻이 명확하게 전달되도록 하는 범위 내에서는 자유롭게 고칠 수 있다고 믿는 연출가이다. 그는 작품과 세계 인식에서 개인의 재량권을 강조하되, 그 재량권의 최종 소유자는 관객이라고 믿는다. 그에게 관객은 자신의 작업을 정당화할 수 있는 마지막이자 절대적 심판관이다. 그가 대중극 연출가라고 스스로를 지칭하는 의미도, 흔히 대중극이라고 불리는 삼류 연극을 연출하겠다는 것이 아니라, 대중과 함께 호흡하는 연극을 만들 겠다는 의미로 받아들여진다.

공간을 잘 이해하는 연출가

이윤택의 연극을 생각하면 정돈된 느낌과 산뜻한 이미지를 연상하게 된다. 그의 연극은 잘 정돈되고 깔끔하게 포장되어 있다. 이것은 일종의 세련미이다. 오태석의 연극이 투박한 질 그릇의 느낌이라면, 이윤택의 연극은 잘 다듬어진 고려청자의 느낌이다. 어느 것이 좋다고 말할 수는 없지만, 젊은 관객들이 현대적이고 다듬어진 느낌을 선호하는 것 같기는 하다.

이윤택의 연극이 정돈된 느낌을 주는 것은 '공간'을 잘 보 여주기 때문이다. 임영웅과의 인터뷰 중에서 기억나는 대목이 있다. 어느 연출가나 무대 공간의 균형성을 확보하려 하고, 비 움과 채움의 두 성향을 조화시키려 한다. 이 말은 물리적 공간 을 활용함에 있어 편중됨이 없어야 함을 뜻한다. 이윤택은 이 러한 단순하지만 어려운 이론을 무대에서 잘 실천하는 연출가 이다.

「느낌 극락같은」을 다시 보자. 이 작품이 공연된 무대는 예 술의 전당 토월극장이다. 이 극장은 넓이보다는 깊이가 있는 극장이다. 무대 상층까지의 높이도 상당해서, 전 무대를 다 쓰 는 것은 쉬운 일이 아니다. 오태석이 「백마강 달밤에」로 첫 공연 테이프를 끊은 이래로 제대로 활용한 사례가 없다고 할 정도이다.

그런데 「느낌 극락같은」에서 이윤택은 뒷 무대를 세트로 막지 않고(불상 조각의 이동이나 천장에서 가볍게 늘어진 수렴을 제외하고는) 거의 그대로 노출한 상태로 연극을 진행시켰다. 이것은 의아심을 불러 일으켰다. 이강백의 희곡은 대부분 동적인 부분이 적은 연극이고, 이 작품의 경우에도 대형 스펙터클이나 군중 장면을 도입할 대목이 두드러져 보이지 않았기 때문이다.

그 의문은 함묘진의 동선에서 확인되었다. 함묘진을 연기한 신구는 휠체어를 타고 비어 있는 뒷 공간을 좌우로 지나다녔다. 앞 무대에는 산 자들의 공간이 연출되고 뒷 무대에는 죽은 자들의 공간이 생성된 것이다. 이러한 조화는 대단히 이채로웠다. 토월극장이 지닌 깊이를 십분 활용한 동선이었고, 움직임이 적은 연극에 활력을 주는 착안이었다.

2003년에 공연된 「사랑에 속고 돈에 울고」도 같은 무대에서 공연되었는데, 이 작품에서도 인상적인 무대 활용이 눈에 띈다. 이 작품은 홍도의 집과 광호의 집이 교대로 교차하면서 배경으로 사용된다. 그래서 집을 표현하는 세트가 변화되기만 하면 되었다. 유일하게 집이 아닌 공간이 한곳 등장하는데 그 곳은 바로 경성 역이다.

광호의 집에서 경성 역으로 변화할 때 집을 보여주던 세트가 철수되고 토월극장이 그대로 드러났다. 관객들이 놀랄 정도로 상당한 깊이를 가진 광활한 공간이었다. 연출가들은 채울 수 없는 공간을 드러내는 것을 싫어하는데, 이윤택은 그런 면에서 과감했다. 그리고 그 공간으로 기차가 사라지도록 해서 원근감을 살려냈다. 짧은 장면이지만, 「사랑에 속고 돈에 울고」가 드러내는 답답함을 해소할 수 있는 시원한 공간이 마련된 것이다.

공간의 활용 사례를 언급하기 위해서는 2003년 국립극장에서 공연된 「문제적 인간 연산」을 꼽을 수 있다. 1973년 국립극단은 명동 국립극장에서 장충동 국립극장으로 옮겨 온다. 옮겨 오기 직전에 대극장(해오름극장)을 시찰하러 온 국립극단에 얽힌 일화가 있다. 무대를 처음 본 배우들은 광활한 무대에 어리둥절하지 않을 수 없었다. 그때 이해랑이 배우들로 하여금 무대에서 객석을 향해 발성을 하도록 지시했다. 배우는 일반 발성으로 객석 맨 뒷줄에 있는 이해랑에게 소리를 전달할 수 없었다. 어깨에 힘을 주고 정면을 향해 소리를 질러내듯이 해야만 소리가 제대로 전달될 수 있었다. 지금도 국립극단을 침체시킨 중요 요인 가운데 하나로 이 광활한 무대가 꼽힐 정도이다.

재미있는 것은 축구를 해도 좋을 만큼 광활한 무대가 연출가들의 연출력을 측정하는 수단이 될 수 있다는 것이다. 외국 연출가로 초빙되어 왔던 프랑크 아놀드(「간계와 사랑」)는 대형 장치물로 큰 무대를 더 크게 보이게 했고, 「파우스트」를 연출했던 기징은 정원에서의 춤 장면을 공간을 비우고 피아노와 달 조명만으로 채워넣었다. 이러한 연출력은 넓은 공간이 반드시 제약만이 아니라는 것을 보여준다.

「문제적 인간 연산」도 넓은 공간을 사용할 수 있다는 것을 보여준 사례이다. 먼저 이윤택은 아름드리 거목으로 지어진 궁궐로 천장까지 올라가는 세트를 지었다. 그 세트는 좀 먹고 낡은 느낌으로 후락한 궁궐의 모습을 표현했다. 그리고 그 궁궐의 뒤에 얕으막한 구릉을 배치하여 죽은 자들의 공간으로 삼았다. 자연스럽게 건물로 구획된 무대 앞쪽은 산자들의 공간이 되었다. 광할한 무대를 채우면서도 앞뒤의 무대 구획을 분명하게 하여 시적인 느낌의 공간을 창조했고, 그러면서도 그 안에서 배우들이 마음껏 뛰어놀 수 있는 실용 공간을 창출한 것이다.

이윤택이 연출한 작품을 보면, 춤과 노래가 연기에 밀착되어 있음을 알 수 있다. 그러기 위해서는 배우들에게 사방으로 뛰어나갈 수 있는 공간이 필요하다. 이윤택의 연출 메소드는 그 공간을 확보하기 위한 일종의 아이디어이며, 그 공간을 비워주었을 때 그 자리를 차지하도록 돕는(혹은 채울 수 있는) 하나의 지침서이다. 배우들은 비어있는 공간을 차지해야 하며 차지한 공간으로 뛰어들어 춤과 노래(때로는 무가와 움직임)로 겨루어야 한다.

무대의 일차 목적은 배우들의 움직임을 보장하는 것이다. 그러나 그것만이 무대의 목적은 아니다. 무대는 그 외형과 분위기로 극의 내용을 상당히 암시하거나 보완해야 한다. 「문제적 인간 연산」은 쉬운 작품이 아니다. 배우들이 표현하기도 어렵지만 관객이 이해하기도 쉽지 않았다. 그런데 국립극장에 세워진 무대(세트)는 그 자체로 이해의 폭을 넓히고 있다. 다무너져 가는 궁궐, 그 밑에 가라앉은 시간의 더께(후락한 창살, 고색 창연한 기둥, 음산한 대밭, 그 사이로 난 어둑어둑한 길)가 이 세상이 길을 잘못 든 곳임을 암시한다. 죽은 자들이 쉴 곳처럼 여길 후락한 귀퉁이로 세상이 전락했음을 보여준다. 이윤택의 말대로 하면, '난세'의 무대적 현현이다.

심리적 공간의 디자인

이윤택이 강조하는 공간은 물리적 공간만이 아니다. 심리적 공간도 이에 못지 않게 중요하다. 아니 두 공간은 편의상 나뉘어진 것이지 실제로는 하나이다. 배우들은 물리적 공간 위에서 연기를 하지만 발화가 되고 움직임이 시작되는 순간 그들은 물리적 기초 위에 '심리적 그림'을 그리고 있는 것이다.

배우들은 대사를 통해 내면의 심정과 인식을 바깥으로 끌어내고, 이를 움직임과 표정이 동반된 연기 위에서 대사를 통해 상대에게 전달한다. 앞에서도 말했지만 이때 이윤택이 쓰는 방법이 말에 대한 의존도를 줄이는 것과 함께, 춤과 노래와 음악(악가무)을 비중 있게 병행하는 것이다.

2004년에 공연된 「옥단어」에서는 "사공의 뱃노래에~"로 시작되는 흘러간 가요를 메인 테마로 삽입하여 목포의 이미지와 주제를 강조하였다. 「초혼」에서는 제주도의 서우젯 소리를 대거 삽입하고 있다. 잘 알려진 연극 「오구」에서는 오구굿(무당의 움직임)을, 「시골선비 조남명」에서는 시조창을, 「사랑에 속고 돈에 울고」에서는 우리 귀에 익숙한 「홍도야 울지 마라」를 삽입하여 상당한 효과를 거두고 있다.

말에 대한 의존도가 낮고 악가무의 의존도가 상대적으로 높은 것은 심리적 층위를 여러 겹으로 형성할 수 있도록 해준다. 또 말의 운용을 음악적 혹은 전체 구상도에 의해 하도록 유도함으로써 지루하게 의미만을 파악하는 연극을 배제하고 있다.

말의 운용이 중요한 연극인 「뇌우」(2004년 4월 1일부터 7일까지 공연)의 연출 '플랜'을 보자. 이윤택은 말을 임의로 삭제하지 않겠다는 기본 방침을 세웠다. 그는 말에 의해 지루함을 느낀다면 그것은 분량 때문이 아니라 말의 운용을 잘못했기 때문이라고 단언했다.

말의 의미를 전달하는 데에만 구속된다면 문학성은 강조될망정 현장성은 떨어진다고 믿기 때문이다. 그는 전체 인물을 대비적 구조로 파악하고, 각 인물들에게 서로 다른 말의 속도를 지시하고 또 막과 막 사이의 차별도 강조했다. 연습이 진행되면서 막을 더 잘게 분할해서 각 장면(이윤택은 편의상 '씬(scene)'이라고 불렀다)을 서로 다른 느낌으로 디자인하기 시작했다.

이윤택은 「뇌우」를 심리적 사실주의 계열의 작품으로 이해했고, 그러한 연출 메소드에 입각해서 제작하겠다고 밝혔다.

심리적 사실주의란, 무대라는 물리적 공간 속에 언어에 의한 심리적 공간을 만들어 나가는 연극의 형태를 통칭하는 개념이다. 중요한 것은 말이 아니라, 말을 통해 묻어 나오는 정서이며 그 정서 뒤편에 숨겨져 있는 삶의 체취이다. 그 체취를 관객들에게 전달하기 위한 커뮤니케이션의 수단 중에 하나가 말이며, 그 말을 보조하기 위한 수단으로서의 연기가 아니라 그 말의 외면을 둘러싸고 일체감을 이루는 연기를 강조한다. 배우는 물리적 공간 속에서 심리적 두께를 담아내는 말을 발화해야 하며, 그 말은 삶에 대한 명확한 해석과 함부로 넘볼 수 없는 체험의 질량을 담고 있어야 한다.

난세 위에 세운 연극

필자는 이윤택의 희곡과 연극을 설명할 수 있는 키워드가 '난세'라고 생각한다. 그의 작품을 읽거나 보거나 해석할 때, 그가 생각하고 표현하고 주장하는 '난세'를 찾곤 한다. 「시골 선비 조남명」에서는 매관매직과 외척세력으로 인해 어지러워진 정계가 난세의 표상이다. 「바보각시」에서는 삶의 중심을 잃은 자들이 세기말의 지옥도를 연출하는 신도림역이 난세의 축도이다. 「청바지를 입은 파우스트」에서는 허무주의에 빠진 젊은이들의 모습에서 난세가 드러나고 있다.

「문제적 인간 연산」도 난세의 기록이다. 그 난세는 여러 가지 요인이 복합적으로 뒤섞여 있는 형태이기 때문에 앞의 작품들처럼 일목요연하게 판가름되지는 않지만, 멀고 긴 관점에서 보면 난세와 처세에 대한 이야기임에 틀림없다. 그런데 그 멀고 긴 관점을 무대 세트는 짧고 순간적으로 압축한다. 쇄락한 궁궐, 그 안에서 잠을 자야 하는 임금의 이야기로, 무너진 귀신의 집은 바로 이 세상의 은유이며 무대화이다.

옳고 그름을 분별할 수 없는 세상이 난세라면, 그 난세에는 어지러움을 틈타 이익을 얻으려는 자가 있게 마련이다. 아니 이익을 얻으려는 자들로 인해 난세가 조장될 수도 있다. 난세적 정황은, 정치 권력의 비균형적 분포에서 찾을 수 있다. 육대신은 처음에 왕의 윗자리를 차지하고 있다. 왕은 식사도 마음대로 하지 못하고, 어머니의 제사 역시 마음대로 지내지 못한다. 육대신들은 왕의 연륜이 부족하다는 핑계로 국사를 자신들의 뜻대로 하려고 하며, 그 뜻이 왕보다 더 높은 곳에 있음을 천명한다.

그러나 그 높은 곳은 수시로 바뀌며 힘에 따라 움직이고 있다. 또 그 높은 곳을 가리키는 그들의 손가락은 실상 자신의 무사안일과 개인의 영광(가령 가문과 명예)을 보호하는 데에 있다. 그들은 어지러움을 정리하거나 세상의 무질서에 대해 책임지려 하지 않는다. 연산은 그러한 보수 계층의 행태에 심한 분노와 좌절을 경험한다. 연극적으로 이러한 분노와 좌절을 표현하는 방식이 '피묻은 적삼'의 출현이다. 녹주의 접신을 통해 개인적인 복수(인수대비와 두 귀인의 처형)까지 한 상태인데, 다시 적삼이 등장하여 폐비 윤씨가 죽던 정경을 돌이켜 볼 필요가 있느냐는 질문을 받은 바 있다. 그 대답은 연산의 대사에서 구할 수 있을 것 같다.

　　염려 마라. 나는 사사로운 감정에 빠져 국사를 그르치지 않는다. 내 가슴은 지금 얼음장처럼 차갑고 이성적이다. 단지 어머니가 주신 피묻은 적삼의 힘을 빌려 세상을 평정해 보리라.……(중략)……아무래도 좋다. 어차피 이놈의 세상은 한번 무너져야 한다. 나는 더 이상 이 낡은 기둥과 고색 창연한 서까래 밑에서 살지 않겠다. 썩고 썩어서 부패한 냄새가 궁궐 곳곳에서 풍기니 숨조차 제대로 쉴 수가 없단 말이다. 지금 세상에서 내가 할 일은 이 낡은 기둥이며 저 썩은 세상의 서까래들을 부수는 일이다. 파괴다. 파괴.

　연산은 복수가 세상의 질서를 어지럽히지 않을까 염려하는 처선(선(善)에 머무는[處] 인물이라는 뜻)에게 내심을 밝히고 안심시킨다. 그가 하는 일이 개인적인 복수가 아니라 세상을 향한 개혁이라고 말하면서 "염려 마라"고 다짐한다. 비록 그 다짐은 다짐으로 끝나고 말지만, 애초의 의도는 세상의 이로움을 위한 결단으로 기억되어야 한다.

　연산은 낡은 기둥(대신들을 상징)과 고색 창연한 서까래(경직된 권력 구조와 정치 논리)를 거부한다. 왕으로서 그것들과 타협하기보다는 세상의 질서를 바로잡고 개혁의 논리를 펴고자 한다. 왜냐하면 궁궐(정치)은, 아니 세상은 이미 썩어서 부패한 냄새가 나는 난세이기 때문이다. 그의 선택은 "어떤 형태로든 이 세상에 대해 책임을 지겠다"는 그의 소신이며 그의 파괴는 "비판할 줄만 알고, 정작 책임지지 못하는 헛바닥들"에 대한 응징이기 때문이다.

「시골선비 조남명」에서 이윤택은 난세를 책임지는 자의 초상을 제시한 바 있다. 남명 조식은 개인적으로 불우했지만 자신의 불우함을 학문에 옮기고 삶의 철학을 닦는 것에 매진함으로써 난세에 떳떳한 상소를 쓸 수 있는 큰 배움을 얻었다. 그의 학문은 현실에 참여해서 이익을 탐내는 것에 있지 않았고, 세상의 어려움을 구하고 바른 도리를 펴는 것에 있었다. 방법은 다르지만 연산 역시 그 배움과 구함의 도리를 펴려고 하는 것이다.

이것은 이윤택의 현실인식과 응전방식이기도 하다. 이윤택은 권력 구조에 대해 비판적 시각을 유지하는 연출가이자 문화 비평가이다. 그는 공식적 권력으로 세상을 압제하며 해악을 끼치는 권력과 정치에 대해 사적이지만 과단성 있는 반발을 종용한다. 그의 작품과 연출과 평론은 그러한 기본적 동선 아래 움직인다. 그는 부패한 세상에 저항하는 일종의 문화 게릴라인 셈이다.

새로운 연출가의 출현을 기대하며

홍해성은 1894년 생이고, 유치진은 1905년 생, 이해랑은 1916년 생이다. 임영웅은 1934년 생이고, 오태석은 1940년 생이며, 이윤택은 1952년 생이다. 이들은 대개 10년 정도의 차이를 두고 태어났고, 거의 태어난 순서대로 연극 무대에 등장했다.

홍해성과 유치진의 과제는 신극의 도입과 정착이었다. 한국 연극이 서구 연극을 수입하고 모방하는 단계에서 그들은 연출가의 위상을 정립해야 했고 연출가의 연출 의도에 의해 만들어지는 연극을 선보여야 했다.

이해랑의 과제는 신극의 보급과 확산이었다. 유치진에 의해 어느 정도 궤도에 오른 사실주의 희곡과 연극을 한국적 풍토 위에 뿌리 내리는 것이 그의 몫이었다. 그는 체홉이나 입센의 작품을 높게 평가했는데, 그것은 그들의 작품에 사실주의 양식의 정화가 담겨 있었기 때문이었다. 하유상의 「미풍」은 체홉의 작품에 상당히 근접한 작품으로, 깊이는 조금 떨어지지만 품위와 격식을 갖춘 작품이다. 이해랑이 이 작품의 연출에 심혈을 기울인 것도 그러한 연유이다.

임영웅에 이르면 신극의 정립은 더 이상 핵심 과제가 아니다. 임영웅이 이해랑의 법통을 이은 연출가로 흔히 알려져 있지만, 시대적 요구는 임영웅을 사실주의에 매몰되는 연출가가 되는 것을 허락하지 않았다. 임영웅은 사실주의 이외의 연극에도 조예를 드러냈다. 그의 연출 목표는 '인간을 그리는 예술'의 지향이다. 이러한 지향은 뮤지컬이나 부조리극에 대한 폭넓은 참여를 유도했다. 그의 대표작은 「고도를 기다리며」이며, 그의 극단은 '여성 연극'이라는 다소 이질적인 형태의 연극적 성향을 보여주고 있다.

오태석과 이윤택의 연극적 목표는 선배들과는 확연히 다르다. 이들은 한국적인 것의 현대적 정립을 중심 목표로 둔다. 오태석의 「춘풍의 처」나 이윤택의 「오구」는 한국적인 것이 무엇인가라는 고민에 빠져 있던 사람들에게 더할 나위 없이 적합한 전범으로 나타나고 있다.

그들은 한국의 전승 연희를 자신들의 연극에 원용하고 있다. 전승 연희에 내재한 소리, 몸짓, 정신, 감각 그리고 문화를 자신들의 연극과 결합시키고 있다. 그러면서도 그들은 자신들의 연극을 나름대로의 문법으로 양식화한다. 오태석의 '목화'

는 특유의 연기 훈련법과 무대 사용법 그리고 연극적 목표가 있다. 물론 이윤택의 '연희단거리패'도 그러하다.

이 두 명의 연출가는 리얼리즘 극의 지향이라는 거시적 목표에 얽매이지 않는다. 그들이 본격적으로 활동하던 시기에는 리얼리즘과 비리얼리즘의 구분 자체는 중요 화두가 아니었기 때문이다. 또 그들의 연극적 지향점이 리얼리즘의 한계나 인식에서 이미 떠나 있었다. 이것은 한국 연극(연출)이 리얼리즘으로부터의 해방을 경험하는 순간이기도 하다.

그럼에도 두 사람은 크게 다르다. 가장 다른 점은 연극을 하는 이유이다. 오태석은 대사회적인 메시지를 담는 통로로써 연극을 우선시한다. 반면 이윤택은 관극의 재미와 정제된 양식미를 중시한다. 그렇다고 오태석이 재미를 등한시 한다거나, 이윤택이 시의에 무분별하게 영합한다는 것은 아니다.

오태석도 재미를 추구하고, 이윤택도 연극 정신을 강조한다. 문제는 이러한 그들의 지향점이, 오태석의 경우 '실험과 도전으로서의 형식'과 '세상에 대한 참견'에 맞추어져 있고, 이윤택의 경우는 '정제된 양식미'와 '대중적 호흡'에 맞추어져 있다는 것이다. 그래서 오태석은 '아방가르드'가 되고, 이윤택은 '프로'가 된다. 이들 세대에 와서야 한국 연극은 독자적 위상과 미학적 가치를 인정받기 시작한다.

그렇다면 그 다음은? 시기적으로 따지면 1960년대 태어난 연출가들이다. 그들의 활동과 면모를 생각해보자. 그러나 안타깝게도 1960년대 태어난 연출가들 중에서 걸출한 인물은 찾기 힘들다. 한국 연극의 가장 커다란 문제 중 하나가 여기에 있다.

지금은 임영웅, 오태석, 이윤택이 공존하는 시기이다. 세 사람은 삼인 삼색의 연출법을 보여주는데, 서로 닮기도 하고 대조되기도 하고, 잇기도 하고 벗어나기도 하면서 조화와 균형을 이루고 있는 상태다.

그러나 이러한 균형과 축이 무너지고, 그 이후의 대안이 마련되지 않는다면, 가뜩이나 빈곤한 연극계는 더욱 빈곤해질 것이다. 한 사람의 연출가가 얼마나 많은 일을 할 수 있고, 반대로 많은 일을 할 수 없게 만드는지, 연극 무대를 유심히 관찰하면 알 수 있을 것이다. 이러한 측면에서 다음 세대 연출가들의 분발과 성장은 이 시대의 필수 과제로 남겨지는 셈이다.

주 ┌──

1) 고설봉 증언·장원재 정리, 『증언 연극사』(진양, 1990), 46~47면.

2) 홍해성, 「무대예술과 배우」, 서연호·이상우 엮음, 『홍해성 연극론 전집』(영남대학교출판부, 1998).

3) 유민영, 『이해랑 평전』(태학사, 1999), 250면.

4) 같은 책, 249면.

5) 「일간스포츠」, 1987년 10월 13일.

6) 유치진, 『동랑 유치진 전집』9 (서울예대출판부, 1993), 208면.

7) 김동원, 『미수의 커튼콜』(평민사, 2003), 171면.

8) 차범석, 「활짝 핀 글로디올러스」, 백성희, 『무대밖에서』(혜화당, 1994), 225면.

9) 유치진 연출 대본, 『뇌우』(드라마센터 소장본, 1950), 470면.

10) 같은 책, 90면; 100면; 103면; 104면; 115면; 119면.

11) 같은 책, 122면; 123면; 134면; 149면; 163면.

12) 김동원, 앞의 책, 166면.

13) 백성희, 『무대밖에서』(혜화당, 1994), 127면.

14) 박민천, "「뇌우」 상연에 관한 노트"(국립극단 제2회 「뇌우」 공연 팸플릿, 1950년 6월).

15) 유치진, "운명극 「뇌우」―연출자로서"(「경향신문」, 1954년 7월 18일).

16) 김동원, 앞의 책, 170면.

17) 「세계일보」, 1958년 3월 18일.

18) 유민영, 앞의 책, 22면.

19) 이해랑, 『허상의 진실』(새문사, 1991), 129면.

20) 같은 책, 60면.

21) 이해랑, 『또 하나의 커튼 뒤의 인생』(보림사, 1985), 255면.

22) 이해랑, 『허상의 진실』, 앞의 책, 28면.

23) 같은 책, 251면.

24) 같은 책, 106면.

25) 같은 책, 106~107면.

26) "Korean Godot Worth the Wait"(「Irish Press」, tuesday, October 2, 1990).

한국의 연출가들

펴낸날	초판 1쇄 2004년 5월 30일
	초판 3쇄 2018년 11월 23일

지은이	김남석
펴낸이	심만수
펴낸곳	(주)살림출판사
출판등록	1989년 11월 1일 제9-210호

주소	경기도 파주시 광인사길 30
전화	031-955-1350 팩스 031-624-1356
홈페이지	http://www.sallimbooks.com
이메일	book@sallimbooks.com

ISBN	978-89-522-0234-5 04080
	978-89-522-0096-9 04080(세트)

054 재즈   eBook

최규용(재즈평론가)

즉흥연주의 대명사, 재즈의 종류와 그 변천사를 한눈에 알 수 있도
록 소개한 책. 재즈만이 가지고 있는 매력과 음악을 소개한다. 특
히 초기부터 현재까지 재즈의 사조에 따라 변화한 즉흥연주를 중
심으로 풍부한 비유를 동원하여 서술했기 때문에 재즈의 역사와
다양한 사조의 특징을 쉽게 이해할 수 있다.

255 비틀스   eBook

고영탁(대중음악평론가)

음악 하나로 세상을 정복한 불세출의 록 밴드. 20세기에 가장 큰
충격과 영향을 준 스타 중의 스타! 비틀스는 사람들에게 꿈을 주
었고, 많은 젊은이들의 인생을 바꾸었다. 그래서인지 해체한 지
40년이 넘은 지금도 그들은 지구촌 음악팬들의 많은 사랑을 받고
있다. 비틀스의 성장과 발전 모습은 어떠했나? 또 그러한 변동과
정은 비틀스 자신들에게 어떤 의미였나?

422 롤링 스톤즈   eBook

김기범(영상 및 정보 기술원)

전설의 록 밴드 '롤링 스톤즈'. 그들의 몸짓 하나하나는 우리가 생
각하는 것보다 훨씬 더 탁월한 수준의 음악적 깊이, 전통과 핵심
에 충실하려고 애쓴 몸부림의 흔적들이 존재한다. 저자는 '롤링 스
톤즈'가 50년 동안 추구해 온 '진짜'의 실체에 다가가기 위해 애쓴
다. 결성 50주년을 맞은 지금도 구르기(rolling)를 계속하게 하는
힘. 이 책은 그 '힘'에 관한 이야기다.

127 안토니 가우디 아름다움을 건축한 수도사   eBook

손세관(중앙대 건축공학과 교수)

스페인의 세계적인 건축가 가우디의 삶과 건축세계를 소개하는
책. 어느 양식에도 속할 수 없는 독특한 건축세계를 구축하고 자연
과 너무나 닮아 있는 건축가 가우디. 이 책은 우리에게 건축물의
설계가 아닌, 아름다움 자체를 건축한 한 명의 수도자를 만나게 해
준다.

131 안도 다다오 건축의 누드작가

eBook

임재진(홍익대 건축공학과 교수)

일본이 낳은 불세출의 건축가 안도 다다오! 프로복서와 고졸학력, 독학으로 최고의 건축가 반열에 오른 그의 삶과 건축, 건축철학에 대해 다뤘다. 미를 창조하는 시인, 인간을 감동시키는 휴머니즘, 동양사상과 서양사상의 가치를 조화롭게 빚어낼 줄 아는 건축가 등 그를 따라다니는 수식어의 연원을 밝혀 본다.

207 한옥

eBook

박명덕(동양공전 건축학과 교수)

한옥의 효율성과 과학성을 면밀히 연구하고 있는 책. 한옥은 주위의 경관요소를 거르지 않는 곳에 짓되 그곳에서 나오는 재료를 사용하여 그곳의 지세에 맞도록 지었다. 저자는 한옥에서 대들보나 서까래를 쓸 때에도 인공을 가하지 않는 재료를 사용하여 언뜻 보기에는 완결미가 부족한 듯하지만 실제는 그 이상의 치밀함이 들어 있다고 말한다.

114 그리스 미술 이야기

eBook

노성두(이화여대 책임연구원)

서양 미술의 기원을 추적하다 보면 반드시 도달하게 되는 출발점인 그리스의 미술. 이 책은 바로 우리 시대의 탁월한 이야기꾼인 미술사학자 노성두가 그리스 미술에 얽힌 다양한 이야기를 재미있게 풀어놓은 이야기보따리이다. 미술의 사회적 배경과 이론적 뿌리를 더듬어 감상과 해석의 실마리에 접근하는 또 다른 시각을 제공하는 책.

382 이슬람 예술

eBook

전완경(부산외대 아랍어과 교수)

이슬람 예술은 중국을 제외하고 가장 긴 역사를 지닌 전 세계에 가장 널리 분포된 예술이 세계적인 예술이다. 이 책은 이슬람 예술을 장르별, 시대별로 다룬 입문서로 이슬람 문명의 기반이 된 페르시아 · 지중해 · 인도 · 중국 등의 문명과 이슬람교가 융합하여 미술, 건축, 음악이라는 분야에서 어떻게 표현되었는지 설명한다.

417 20세기의 위대한 지휘자 eBook

김문경(변리사)

뜨거운 삶과 음악을 동시에 끌어안았던 위대한 지휘자들 중 스무 명을 엄선해 그들의 음악관과 스타일, 성장과정을 재조명한 책. 전문 음악칼럼니스트인 저자의 추천음반이 함께 수록되어 있어 클래식 길잡이로서의 역할도 톡톡히 한다. 특히 각 지휘자들의 감각 있고 개성 있는 해석 스타일을 묘사한 부분은 이 책의 백미다.

164 영화음악 불멸의 사운드트랙 이야기 eBook

박신영(프리랜서 작가)

영화음악 감상에 필요한 기초 지식, 불멸의 영화음악, 자신만의 세계를 인정받는 영화음악인들에 대한 이야기를 담았다. 〈시네마천국〉〈사운드 오브 뮤직〉같은 고전은 물론, 〈아멜리에〉〈봄날은 간다〉〈카우보이 비밥〉등 숨겨진 보석 같은 영화음악도 소개한다. 조성우, 엔니오 모리꼬네, 대니 앨프먼 등 거장들의 음악세계도 엿볼 수 있다.

440 발레 eBook

김도윤(프리랜서 통번역가)

〈로미오와 줄리엣〉과 〈잠자는 숲속의 미녀〉는 발레 무대에 흔히 오르는 작품 중 하나다. 그런데 왜 '발레'라는 장르만 생소하게 느껴지는 것일까? 저자는 그 배경에 '고급예술'이라는 오해, 난해한 공연 장르라는 선입견이 존재한다고 지적한다. 저자는 일단 발레라는 예술 장르가 주는 감동의 깊이를 경험하기 위해 문 밖을 나서길 원한다.

194 미야자키 하야오 eBook

김윤아(건국대 강사)

미야자키 하야오의 최근 대표작을 통해 일본의 신화와 그 이면을 소개한 책. 〈원령공주〉〈센과 치히로의 행방불명〉〈하울의 움직이는 성〉이 사랑받은 이유는 이 작품들이 가장 보편적이면서도 가장 일본적인 신화이기 때문이다. 신화의 세계를 미야자키 하야오의 작품과 다양한 측면으로 연결시키면서 그의 작품세계의 특성을 밝힌다.

eBook 표시가 되어있는 도서는 전자책으로 구매가 가능합니다.

㈜살림출판사
www.sallimbooks.com
주소 경기도 파주시 문발동 522-1 | 전화 031-955-1350 | 팩스 031-955-1355